노래 공식

신체의 노래 공식

노래 공식

신체의 노래 공식

초판 1쇄 발행 2026년 1월 11일

지은이 　김왕래
펴낸이 　이기봉
편집 　　좋은땅 편집팀
펴낸곳 　도서출판 좋은땅
주소 　　서울특별시 마포구 양화로12길 26 지월드빌딩 (서교동 395-7)
전화 　　02)374-8616~7
팩스 　　02)374-8614
이메일 　gworldbook@naver.com
홈페이지 www.g-world.co.kr

ISBN　979-11-388-5219-7 (03670)

노래 공식

신체의
노래
공식

김왕래 지음

좋은땅

노래 공식(신체의 노래 공식)을 발간하면서…

대중 가요계 작곡가로 입문해 59년 세월을 보냈다. 처음에는 가수 지망생들의 노래 연습 반주를 주로 했다. 그 당시에는 기타나 피아노가 노래 연습의 도구로 사용되었으며, 노래 연습 시간은 20~30분 정도였다. 그런 세월을 보내면서 가수들의 신곡 취입 과정이나 활동 사항, 신인가수들의 데뷔 과정들을 자연스럽게 접하고 지켜보면서 한 가지 의문점과 안타까운 마음이 나를 짓누르고 있었다. 가수 지망생들 대부분이 실패를 하게 되는 것이 그 이유였다.

스타가 되겠다는 큰 꿈과 믿음으로 시작하지만, 현실은 노래가 생각처럼 잘되지 않아 장벽을 느낀다. 나 역시 노래 잘하는 가수를 키워 보겠다는 꿈을 꾸며 애써 보았지만 쉽지 않았다. 사람이 부르는 노래가 들어가는 음악에는 노래가 전부를 차지한다고 해도 과언이 아니다. 아무리 노랫말과 곡이 좋아도 노래를 부르는 가수가 어떻게 부르는가에 따라 곡의 가치가 결정되기 때문이다.

그런 세월을 10여 년 넘게 보내다 1981년 10월, 종로 5가에 개인 사무실 겸 음악실을 어렵사리 마련하게 되었다. 여러 가지 악기와 노래를 교육하는 곳으로 운영했다. 1년 가까이 되었을 무렵 악기를 배우던 30대 중반의 직장인이 가수 지망생의 노래 부르는 모습을 보더니, 신기한 듯 물었다. "왜 이런 사람이 방송에 나오지 않고 여기서 노래를 하고 있죠?" 어느 날 그가 자신도 배울 수 있느냐는 질문과 함께 노래를 배우기 시작했다. 피아노 반주에 맞춰 부르는 노래 소리가 좀 답답하고 어눌하게 느껴졌다. 노래를 한 곡만 계속하려 했고, 한 사람이라도 듣는 사람이 있으면 다음에 하겠다며 중단했다. 그런 기간이 10개월가량 흐른 어느 날 상기된 얼굴로 자신도 다른 사람들이 있는 곳에서 노래를 불렀다며 신이 나서 이야기를 했다. 그 이후 얼마 지나지 않아 노래 때문에 겪게 되었던 일들을 밝히면서, 자신은 노래 때문에 인생을 망쳤다느니 하는 이해할 수 없는 이야기들을 했다. 동창회에서는 목을 다쳤다며 붕대를 감은 채, 이것저것 나르는 일만 했다며 한탄하는 이야기를 들었다.

설마 노래 때문에 그럴 수 있을까 싶었지만, 그의 진지한 표정을 마주하니 저절로 귀를 기울이게 되었다. 문득 말로만 듣던 음치라는 사람이 정말 존재할지도 모른다는 호기심이 생겼다. 학원 입구에 "음치 교정"이라는 문구를 가로 15cm, 세로 50cm 크기의 종이에 써 붙여 보았다.

그렇게 붙여 놓은 지 한 달이 채 안 되어 40대 중반의 사업하시는 분이 찾아왔다. 그의 목소리를 듣고 큰 충격을 받게 되었다. '정말 사람이 이럴 수도 있는 것일까?' 하는 생각이 절로 들었다. 목소리도 제대로 나오지 않았고, 노래의 음정을 만들어 낼 수가 없는 상태였다. 반주도 소용없었고 옆에서 노래를 불러 주어도 들리는지 안 들리는지 엉뚱한 소리만 내고 있었다.

이런 현실 앞에서 나는 고민에 고민을 거듭하게 되었다. 포기해야 할지 더 해 봐야 할지 생각에 생각을 거듭하다 두 가지 결론에 이르게 되었다. 하나는 이런 사람이 존재해서는 안 되는 일이며 원인이라도 찾아봐야 한다는 것, 또 하나는 이 문제를 해결할 수 있는 사람은 이 직업에 종사하고 있는 사람만이 가능한 일이라는 것이었다.

그렇다면 사람의 소리는 어떻게 만들어지는 것이며, 그 소리가 노래가 되기까지 어떤 원리가 작용하는 것일까. 잘하고 못하는 것의 차이는 과연 어디에서 비롯되는지 근본적인 질문에서 다시 시작하지 않으면 해답이 없다고 생각하게 되었다. 이 생각과 함께 아무도가 보지 않은 그 길을 평생 걸어가 보리라 마음먹었다.

10여 년 넘게 해 오던 노래 교육 방법을 과감히 내려놓았다. 음치가 된 사람들에게는 전혀 도움이 되지 않는 방법들이었기 때문이다.

　　　　　　　　　　　　　　　　　　　　　　　노래 공식

그 당시 내가 할 수 있는 일은 단 하나뿐이었다. 옆에서 열심히 소리를 내어 주며 함께 부딪혀 보는 것. 하는 사람도 모르고 도와주는 사람도 방법을 잘 알지 못하나 무작정 해 가며 해결의 실마리를 조금씩 찾아보자는 마음뿐이었다. 처음에는 한두 사람일 것이라 여겼다. 작고 소박한 간판을 보고 사람들이 하나둘씩 찾아오기 시작했다. 새로운 사람이 올 때마다 가슴이 철렁 내려앉곤 했다. '이번에는 또 어떤 사람일까….' 사실 시작은 했지만 그 여정은 고통스럽고 감당하기 벅찬 시간이기도 했다.

그렇게 세월이 흐르면서 간판도 점점 크게 달게 되었고, 본격적으로 시작되던 어느 날 머리에 생각 하나가 스쳐 지나갔다. '태생적 음치는 존재하지 않는 것이 아닐까.' 가수 지망생들과 10년 넘게 시간을 보내면서 경험했던 것들, 그리고 음치라는 사람들과 5년을 보내며 마주한 현실을 떠올려 보았다. 그 과정에서 사람의 몸은 모두 같다는 것, 그리고 음치가 되는 원인과 이유에 어렴풋이 다가설 수 있었다.

즉, 가수가 되겠다는 사람들과 음치가 된 사람들은 성격도 다르고, 취향과 행동, 내면의 세계까지 모든 것이 정 반대편에 있다는 사실이었다. 그로 인해 어떤 현상이 발생할 수 있으며, 그것이 노래가 아니었다면 '못하는구나.' '잘 안 되는구나.' 하고 넘길 수 있는 일이 목소리로 표현되는 음악이기 때문에 사람들은 잘 안 되는 이유를 '이상함'으로 해석했고, 그 결과 음치라는 말이 있게 된 것이다. 음치라는 말이 존재하기에 음치는 만들어질 수밖에 없다는 판단을 하게 되었다. 그 이후로 나는 기회가 있을 때마다 음치는 근본적으로 없는 것이라는 말을 하게 되었다.

그렇게 정리된 결론으로 일단 매듭을 지었다고 생각했는데 시일이 지나도 누구도 나의 말을 믿으려 하지 않았다. 사람들은 듣기 좋은 말이지만 현실과는 다르다는 반응들이었다. 그도 그럴 것이 스스로 음치라고 생각하는 사람들이 여전히 계속해서 나타났고, 그런 현실 앞에 나의 말은 아무 의미가 없다는 것을 깨닫게 되었다.

그렇다면 어떻게 해야 할까. 방법은 단 하나. 그 이유를 조목조목 글로 써서 공개하는 길뿐이었다. 마침 그때 책을 여러 권 집필한 박사님 한 분과 내용을 의논하게 되었다. 박사님이 책은 아무나 쓸 수 있는 것이니 있는 그대로 써 보라는 말씀과 함께 용기를 주었다. 그래 한번 해 보자. 힘들게 해 온 일인데 이대로 물러설 수는 없었다. 그렇게 시작한 것이 7년 동안 작은 노트 7권으로 정리되어 2003년 《소리의 마법》이라는 제목으로 "상지피엔아이"에서 출간하게 되었다.

책에는 다음과 같은 핵심 내용이 담겼다. 음치는 성격과 성향, 주

　　　　　　　　　　　　　　　　　　　　　　노래 공식

위 환경, 신체 조건 등 다양한 요소가 만들어 낸 결과이며 이러한 환경에 있게 되면 음치라는 말에 스스로를 그렇게 규정하게 되며, 결국 그 말이 사람을 음치로 만든다는 것. 따라서 음치라는 말은 사용하지 말아야 한다는 생각을 담았다. 그 이후로 음치라는 말이 점차 사라지게 된 것이 내가 쓴 책 때문이 아닐까 하는 생각도 들었다.

그 후로도 나는 멈추지 않았다. 사람의 신체가 노래를 부르게 되는 이유. 잘하고 못하는 원리는 무엇인지. 의문을 품고 찾아온 사람들을 모두 나의 스승으로 보고 단 한 사람도 놓치지 않고 연구해 왔다. 그 세월이 40년. 단 1%도 가능성이 보이지 않던 일이 이제는 어떤 사람의 몸과 소리의 관계를 마치 거울처럼 들여다볼 수 있게 되었고, 그 원인을 설명할 수 있는 데다, 의심이 가던 모든 부분들을 찾아내는 데 성공하게 되었다.

이 책에서는 사람 몸이 성대와 구강을 사용해 소리와 말을 만들어 내고, 그것이 음악이 되어 노래로 표현되기까지 호흡과 자세, 성대의 긴장과 구강의 움직임, 행위에 따른 미세한 차이를 "뇌"가 알고 신체로 사용할 수 있는 능력만큼 노래로 표현할 수 있게 되는 원리를 세부적으로 설명했다.

2025년 6월 작곡가 김왕래(동술)

목차

2부 노래의 이해

3부 신체의 노래 공식, 요약과 정리

(1부)

몸의 이해

1장

사람의 몸과 성대의 원리

몸에서 성대와 구강은 어떻게 작동하는가?

성대와 구강은 신체 안의 움직일 수 있는 조직으로 힘이 들어가지 않을 경우 자신의 뇌가 생각하고 인식하는 대로 자연스럽게 움직일 수 있는 구조로 되어 있다.

성대는 어떤 원리로 소리를 내는가?

사람이 소리를 내려면 먼저 뇌가 어떤 소리를 어느 정도 크기로 낼지 설정하게 된다. 생각이 떠오르면 몸은 자연스럽게 호흡을 통해 필요한 힘을 만들어 내고, 성대를 울려 뇌가 원하는 소리를 구현해 낸다.

성대는 어떻게 음정을 만들어 내는가?

성대는 몸의 조직 중 하나이므로 뇌가 의도하고 귀로 들리는 음정을 흉내 낼 수 있다. 그러나 소리를 내는 주체인 몸은 현재 자신이 가지고 있는 신체 기능의 한계를 넘어서지는 못한다. 뇌가 인식해도 몸이 그 수준을 따라가지 못하면 정확한 음정 표현은 어려워질 수 있다.

성대와 구강은 어떻게 노래를 구성하는가?

노래는 단순히 소리를 내는 것을 넘어서는 행위이다. 성대와 구강은 뇌가 인지한 소리와 노래를 표현하기 위한 수단이며, 훈련과 사용 목적에 따라 신체 조직은 계속해서 발전할 수 있다. 좋은 발성이나 발음 역시 호흡을 중심으로 몸을 다시 만들어 가는 과정 속에서 완성되는 것이다. 결국 노래를 잘하기 위해서는 몸과 호흡이 핵심적인 기반이 된다.

2장

호흡

호흡의 역할

사람의 호흡은 살아 있는 동안 끊임없이 반복되는 생명 그 자체이다. 그뿐만 아니라 사람의 모든 행동과 감정, 희로애락 속에는 언제나 호흡의 역할이 숨어 있다. 사람이 소리를 낼 때, 특히 감정을 담아 표현해야 할 순간에는 호흡이 동반되지 않으면 올바른 감정 전달은 불가능하다. 몸이 편안할 때는 호흡도 편하고 고요하며 속삭이거나 화를 낼 때, 큰 소리를 낼 때, 걷거나 뛸 때마다 호흡은 자체적인 역할을 하고 있다.

사람이 하고 있는 모든 행동과 운동에는 호흡의 역할이 절대적이다. 어떤 일을 잘하거나 그렇지 못하거나, 적당히 해내는 모든 결과 뒤에는 호흡과 몸의 관계가 어떻게 교류하고 있는지가 깊이 연결되어 있다. 이렇듯, 성과와 능력의 차이조차 몸과 호흡의 조화 속에서 나타나는 자연스러운 현상이라 할 수 있다.

호흡과 노래

(1) 호흡은 성대에서 생성된 음정과 노랫말이 음악이 될 수 있도록 연결하고 조율하는 역할을 한다

노래 부를 때는 말할 때처럼 호흡이 자연스럽지 않게 되는데, 그 이유는 노랫말과 음정을 일정량 이어 가야 하기 때문이다.

이 과정에서 호흡은 음악 리듬과 선율의 고저 장단에 따라 조절되며, 단순한 소리를 음악으로 만드는 역할을 하게 된다.

(2) 호흡은 성대가 저음·중음·고음을 표현할 수 있도록 조율하는 역할을 한다

노래마다 노랫말과 음정의 흐름이 모두 다르게 진행되므로 이를 표현하려는 사람의 몸은 호흡을 통해 몸통과 성대, 구강의 조화를 유연하게 표현해 내는 과정이 필요하다.

(3) 호흡으로 연습 시 절도 있는 행위를 흔들림 없이 하도록 몸의 탄력을 향상한다

반복적인 연습은 신체가 처한 현재 상태에서 한 걸음 더 나아가기 위한 기반이다. 이때 호흡 관리는 단순히 호흡을 조절하는 수준을 넘어, 신체부위별 힘의 교류와 균형, 근육의 발달, 민첩성, 정밀도를 높이는 데 있어 핵심적인 기능을 수행한다.

(4) 호흡으로 노래 부를 때 사용하는 신체 부위들을 하나로 통합할 수 있다

기술적인 신체 사용은 대개 힘이 집중되는 특정 부위에 무리를 주게 된다. 즉, 노래 부를 때 성대와 구강에 과도한 힘이 쏠리면 전체적인 균형이 무너지기 쉽다. 힘이 한곳으로 쏠리게 될수록 원하는 목표와는 점점 더 멀어지게 된다. 노래와 같은 복합적인 신체 행위는 전신의 균형과 자세가 조화를 이룰 때 자연스럽고 안정적인 표현이 가능해진다.

이런 균형을 만들어 내는 바탕에 바로 호흡이 존재하며, 이를 통해 신체는 하나로 통합되어 노래를 온전히 구현하게 된다.

(5) 호흡으로 이완된 상체와 구강을 유연하게 해 준다

노래 부르기 위한 상체의 신체 조건은 사람마다 조금씩 때로는 크게 차이를 보인다. 특히 뇌를 많이 쓰는 사람일수록 기가 두뇌 중심으로 집중되며 신체 위쪽이 과도하게 이완되는 경향이 나타난다. 이로 인해 노래를 부르게 하는 성대와 구강이 모두 신체 상부에 있게 되어 상체가 지나치게 이완되면 발성기관인 성대와 구강의 조절이 어려워져 노래 부르는 행위가 어렵게 된다. 이러한 신체적 불균형을 조정할 수 있는 가장 효과적인 방법이 바로 호흡이다. 호흡을 통해 몸 전체를 안정시키고, 구강과 상체의 긴장을 완화함으로써 보다 유연하고 자연스러운 발성과 발음이 가능해진다.

(6) 호흡으로 몸통과 성대, 그리고 구강의 발성 행위에 힘의 균형을 안배한다

노래는 성대와 구강을 통한 발성 행위에 목소리와 말이 어우러져 이루어진다. 비록 뇌가 하고자 하는 대로 성대와 구강을 사용하더라도 해당 신체 부위의 힘의 균형을 유지하지 못하면 한계에 머물게 된다. 특히 노래를 부르기 위해서는 성대에 힘을 사용하게 되는 만큼, 힘을 만드는 몸통과 성대 및 구강의 호흡을 통한 균형을 만들어 낼 수 있는 만큼 노래를 부를 수 있게 된다.

(7) 호흡 관리를 통해 성대에 최소한의 힘만으로도 높고 풍부한 소리를 만들어 낼 수 있게 한다

노래를 부른다는 것은 성대가 중심이 되는 신체 활동이다. 성대는 사람마다 울림이 다르며, 그 자체로 신비한 기관이다. 하지만 누구나 성대를 사용하는 신체의 조건은 제각각이기 때문에 성대에 가해지는 힘의 양도 약하게, 혹은 적당히, 또는 강하게, 전달될 수밖에 없다. 목소리, 즉 성대에 전달되는 힘이 강하면 강할수록 고음을 내기가 어렵게 되며 목소리의 질도 나빠지게 된다. 이러한 신체 조건을 완화하는 방법이 호흡이다. 호흡을 통해 성대에 집중되는 힘을 몸 전체로 분산시키면, 적은 힘으로도 질 좋고 풍부한 소리를 만들어낼 수 있게 된다.

(8) 호흡으로 단전과 허리에 힘을 길러 준다

많은 사람이 노래를 부를 때 목소리와 노랫말을 입 밖으로 쏟아 낸다는 인식을 갖고 있다. 특히 목소리를 크게 낼수록 노래를 잘 부른다고 생각하는 경향이 있다. 노래를 부르는 사람도 목소리를 '낸다', '지른다', '한다'는 표현이 노래에 대한 고정관념으로 굳어져 있다. 노래를 위한 주된 신체 부위가 목과 구강처럼 머리 쪽에 집중되어 있어 호흡과 신체 에너지(힘)가 모두 위로 상승하게 된다. 모든 운동이 그렇듯 노래도 기본기와 바른 자세가 중요하다. 노래를 부르면서 힘이 위쪽으로 쏠릴수록 몸은 점점 무거워지고 힘들어진다. 이런 흐름을 바로잡기 위해선 호흡을 통해 상체의 아래쪽인 단전과 허리에 지속적으로 힘을 길러야 한다. 노래할 때 성대와 구강을 사용하는 순간, 배꼽 아래 부위보다 위쪽인 성대, 구강 쪽에 높고 낮은 음정에 관계없이 윗부분에만 힘이 쏠린다고 느껴지면 일단 자세와 호흡이 잘못되었다고 보면 된다.

(9) 호흡으로 성대와 구강 행위의 힘을 안배한다

노래를 부르게 되면 성대를 통한 목소리와 구강을 통한 노랫말을 동시에 드러내게 된다. 이 과정에서 뇌가 알고 있거나 귀로 들은 대로 표현하려 하며, 호흡은 그 에너지를 성대와 구강에 동시에 전달하게 된다. 그런데 사람에 따라 성대 쪽에 더 많은 힘이 실리는 경우도 있고, 반대로 구강 쪽에 집중되는 경우도 있다. 어느 쪽이든

특정 부위에 힘이 많이 몰릴수록 뇌가 의도한 소리나 말은 자연스
럽게 표현되지 않게 된다. 이런 현상들은 노래 부르는 자신이 스스
로 파악하기가 쉽지 않으며, 이런 부분들의 힘의 조율은 호흡을 통
한 상체의 올바른 자세와 균형을 통해 성대와 구강의 힘의 분배를
조율할 수밖에 없다.

(10) 호흡으로 성대와 구강의 밸런스를 유지시켜 노래의 음정 발음의 정확도를 높인다

성대의 소리와 구강의 발음은 신체적으로 볼 때 두 조직이 하나의
역할을 하게 된다. 모든 사람이 말을 할 때 목소리 톤이나 말의 억
양이 다를 수 있지만, 듣기에 어색함을 느끼지 않게 되는 이유는 성
대 울림과 구강 행위에 가해지는 힘이 동일하기 때문이다. 그러나
노래를 부르게 되면 호흡의 에너지(힘)가 성대에 압박과 힘으로 전
달되고 그로 인해 구강에도 행위의 어려움이 생기게 된다. 성대와
구강 모두 불편해진다. 노래를 부를 때 잘 안 된다고 느끼게 되는
이유도 성대와 구강에 가해지는 힘의 균형이 달라졌거나 과도하게
강해졌기 때문이라고 볼 수 있다. 노래를 부를 때 대부분 높은음(고
음)에서 어려움이 가중되는 것도 이런 이유에서 비롯된다. 성대는
어떤 음정의 흐름에도 정확한 소리로 이어 줄 수 있어야 하고, 구강
행위 시 유연하며 올바른 움직임으로 구강은 성대가 음정을 구사해
낼 때 유연하고 바른 움직임으로 그 표현을 돕는 행위가 되어야 한

다. 성대 행위에 도움을 줄 수 있는 행위가 이루어질 때 성대와 구강 행위의 밸런스를 유지시킬 수 있게 된다. 호흡으로 상체를 안정시켜 성대와 에너지를 나누고, 구강은 최소한의 힘으로 올바른 행위를 할 수 있는 자세를 유지할 때 노래의 음정과 발음의 정확도를 높일 수 있게 된다.

(11) 호흡으로 음정과 발음의 높고 낮은 진행에 몸이 함께 움직이지 않도록 막는다

노래는 목소리의 높고 낮음, 빠르고 느림, 길고 짧음이 여러 형태로 창작되며 제목과 함께 '무슨 무슨 노래'로 탄생하게 된다.

어떤 노래를 배워 부르기 위해서는,

① 가수가 부른 노래를 반복해 들으며 익히거나
② 노래를 지도 아래 배우거나
③ 악보를 보며 이론대로 부를 수도 있다.

배운다는 것은 자신의 뇌가 인지할 수 있을 때까지 반복적으로 입력하는 과정이며, 이후에는 뇌에 입력된 정보를 바탕으로 성대와 구강이 움직이며 노래를 부르게 된다. 이때 주의해야 할 부분은 노래의 음정과 발음의 높낮이 변화에 따라 몸과 성대가 따라 움직이지 않도록 특별히 주의해야 한다.

노래의 음정은 사람의 뇌에서 인식되는 것으로, 몸이 직접 따라 움직이는 것이 아니다. 음정과 발음을 만들어 내는 사람의 몸은 행위의 자세에서 완성되어야 한다.

그러므로 호흡과 상체, 성대와 구강 행위의 자세를 활용하면, 성대와 몸이 노래의 음정 변화에 따라 움직이지 않아도 정확한 음정으로 노래를 부를 수 있게 된다.

(12) 호흡으로 노래 음정의 샵(올라감) 플랫(내려감)을 방지한다

노래 연습할 때 성대가 음정을 구사하는 과정에서 어떤 부분의 음정이 샵(올라감)되는 현상이 나타나는 경우가 있다. 이런 현상은 호흡의 힘이 명치에 머물러 가슴을 위로 끌어올리며 성대가 자연스럽게 위로 향하게 되고, 이로 인해 고음일수록 음정이 지나치게 올라가게 되는 것이다.

반대로, 플랫(내려감)이 되는 경우도 있다. 이런 현상도 호흡이 명치와 가슴을 위로 밀어올리며 혀 뿌리 쪽 그리고 성대와 성구가 밀착되지 못하고, 호흡이 빠져나가며 에너지가 흩어지는 과정에서 발생한다.

이처럼 호흡이 안정되지 않으면 성대와 구강의 조화가 깨져 음정의 정확도에 영향을 미치게 된다.

하지만 몸이 성대를 움직여 음정을 만들 때, 자세가 바르게 잡혀있으면 뇌가 인지한 음정에서 벗어나기 훨씬 어려워진다.

바른 자세란, 단전에서 구강에 이르기까지 호흡을 통해 힘의 균형을 잡아 주는 구조로, 노래를 위한 신체의 핵심 원리이다.

(13) 호흡이 성대에 힘으로 활용되지 않게 한다

대부분 노래를 부를 때 숨을 쉬는 행위(호흡)를 노래를 부르기 위한 준비 과정으로 여긴다. '숨을 쉬고 그 힘으로 노래한다.'는 고정관념은 노래를 한없이 어렵게 만들어 왔다. 높은음을 낼 때는 온 힘을 다해 소리를 지르며, 힘든 것이 즐거움이 되기도 하며 반주에 맞추어 뇌가 인식하는 대로 소리와 말로 자신이 하고 싶은 대로 노래를 부르면 재미와 즐거움을 느끼게 된다.

하지만 이 방식은 노래를 전문적으로 하고자 하는 사람에게는 치명적 결함이 된다.

노래는 음정의 유려한 선율과 노랫말의 감정이 어우러져 소리와 말로 예술을 완성하는 것이다. 이를 위해서는 신체의 모든 힘과 행위가 절제되어야 한다. 소리 한 타, 말 한마디에 담긴 우아함과 절제된 아름다움이 듣는 사람의 가슴에 젖어들 때 감동을 주게 되는 것이 사람의 노래이다.

노래를 부르기 위한 호흡이 성대의 힘으로 직접 사용될 경우, 다음과 같은 문제들이 발생하게 된다:

① 가슴, 성대, 구강에 힘이 쏠려 발성과 발음이 어려움을 겪게 되며

② 성대에 과도한 힘이 가해지면서 거친 소리가 나오며 성대가 음
   정 구사에 어려움을 겪게 되고
③ 높은음(고음) 내기가 힘들어지며
④ 턱과 입이 경직되어 발음이 부자연스러워지고
⑤ 호흡 부족으로 인해 소리가 짧게 끊기는 현상이 발생될 수 있
   게 되며
⑥ 연습을 계속해도 발전이 오지 않게 된다.

따라서 노래할 때의 호흡은 단전과 허리에만 힘을 두고, 상체는 어느 부위든 힘이 빠진 상태를 유지하는 것이 중요하다. 이때 상체가 하나의 풍선처럼 자연스럽게 수축하고 확장하는 작용을 할 수 있도록 만드는 것이 노래에 유익하다.

(14) 호흡 관리로 몸이 자연스러운 노래를 부를 수 있도록 한다

노래는 부르는 사람의 뇌가 성대와 구강을 운동시켜 일어나는 하나의 신체적 행위이다. 그러나 잘해 보려는 마음이 앞서거나 조급해지면 다음과 같은 현상이 나타난다:

① 노래를 부를 때 얼굴 표정이 굳어지거나 눈을 크게 뜨게 되고
② 음정 변화에 따라 턱이나 목을 움직이게 되며
③ 저음에서 고음으로 갈수록 힘의 편차가 심해지고

④ 음정이 상승할 때 목이나 턱에 힘을 과하게 주게 된다.

위와 같은 현상은 뇌가 '잘하고 싶다.'는 욕구를 몸에 지나치게 요구할 때 나타나게 되며 성격에도 영향이 있게 된다. 이런 상태에서의 연습은 노래의 발전도 더디게 만들며 시간이 지날수록 어려움에 처하게 된다.

● 몸이 자연스러운 노래를 부르게 한다는 것은?

사람의 몸은 뇌가 무엇을 어떻게 하겠다는 뇌의 판단이나 결정이 없이는 움직일 수가 없다. 모든 행동과 행위는 결국 뇌의 결정이며 판단이다. 그런데 사람의 몸은 뇌의 결정이나 판단대로 반드시 움직여 줄 수 있는 것은 아니다. 몸이란 본래 자연스러운 상태에서 어떤 기술이나 운동, 노래와 같은 행위의 정밀한 능력을 얻기 위해서는 그에 맞는 신체의 자세 훈련, 그로 인한 근육 발달의 과정이 꼭 필요하다. 이 모든 과정은 노력과 시간, 그리고 세월에 걸친 연마 없이 쉽게 이루어질 수 없다. 그러므로 노래를 적당히 취미로 하는 경우에는 자신이 할 수 있는 범위에서 만족하면 충분하다. 하지만 노래에 전문성을 갖고자 한다면 현재 자신의 몸 상태를 점검하고, 그 몸을 단계적으로 발전해 가는 노력이 필요하다. 그 과정에서 호흡은 절대적 역할을 하게 되며 몸이 노래를 자연스럽게 부를 수 있도록 만들어 준다.

(15) 호흡으로 목소리의 양을 조절하며 낼 수 있다

목소리 양이란 단순히 목소리를 크게 내는 것이 아니라, 목소리의 크기와 울림을 넓혔다 좁혔다 하며 노래의 강약과 감정을 섬세하게 표현하는 기술을 의미한다. 이러한 방식으로 성대를 사용하려면 고도의 연습과 오랜 연륜이 필요하다. 성대는 신체의 상부, 즉 가슴·목덜미·어깨·등의 뒷부분에 이완된 근육이 없어야 하며 가슴에서 단전까지를 공간으로 보고 아래로 밀었다 놓았다 하며 목소리를 내는 성대는 흔들림 없이 정위치를 유지시킨다. 주로 긴 박자에서 더욱 효과적으로 작용하며, 이 모든 조율이 가능하려면 호흡의 역할이 있을 때 가능해진다고 본다.

3장

사람의 뇌와 몸

뇌의 역할

뇌는 보고, 듣고, 판단해 몸을 움직이게 한다.

뇌는 어떤 목적을 위해 몸을 사용할 때 사용하는 만큼 지식으로 축적된다.

뇌는 몸을 움직일 때 오판할 수 있으며 그 판단을 스스로 바로잡을 수도 있다.

몸은 뇌의 생각과 판단으로 움직일 때 현재 사용할 수 있는 능력만큼 행위를 할 수 있게 된다.

몸은 어떤 행위를 할 때 자신이 사용하는 대로 습관화된다.

몸은 뇌가 생각하고 판단해 사용하는 만큼 힘과 근육의 발달, 유연성, 민첩성을 키워 나가게 된다.

뇌와 몸, 몸과 노래

사람이 부르는 노래는 일반적인 음악이나 악기 연주와는 차원이 다르다. 노래는 사람의 몸에서만 이루어지며, 누구든 자신의 몸을 통해 음악, 악기 연주, 시 낭송, 운동을 동시에 수행하는 복합적 행위가 바로 노래이다.

이때 뇌의 역할은 분명하다. 어떤 노래를, 어떤 음정의 흐름으로, 어떤 말을, 어떤 형식으로 표현할지를 판단하고, '나는 이렇게 부를 것이다.', '나는 이렇게 부르고 싶다.'라는 의도에 이르기까지가 뇌의 역할이다.

노래를 부를 때 직접적으로 작용하는 부위(성대와 구강)와 간접 연결된 부위(몸 전체)가 함께 작동한다. 그런데 노래를 부르기 위한 이 두 부위의 관계를 깊이 이해하지 못하면 노래는 언제까지나 미완성의 표현이 된다.

그 이유는 다음과 같다:

① 노래는 성대를 통해 소리를, 구강을 통해 말을 내며 형성된다.
② 이 발성 행위가 노래가 되기 위해서는 힘, 즉 에너지가 필요하다.
③ 노래를 부르기 위한 에너지(힘)는 호흡과 몸에서 만들어진다.
④ 노래의 음정과 발음을 뇌는 알고 있어도, 실제로 노래를 수행하는 몸은 음정 하나 발음 하나마다 필요한 힘과 자세를 알고 뇌와 공유할 수 있을 때 비로소 정확한 결과로 이어질 수 있게

된다.

그러므로 노래를 부르기 위한 몸의 성대와 구강 행위는 신체 전체와의 협응과 교류 없이는 그 한계를 벗어날 수 없게 된다. 그 이유는 단순하다. 사람의 몸은 모두 하나로 연결된, 살아 움직이는 통합된 생명체이며 성대와 구강은 그 전체 구조 안에 존재하는 작은 일부 조직이기 때문이다.

몸 만들기

사람은 각자 모습도, 목소리도 모두 다르지만 이 모든 차이를 감싸고 있는 신체의 기본 구성은 동일하다. 이 신체를 가진 사람은 어느 순간 '내 몸으로 무엇을 해 보고 싶다.'는 생각을 하게 되고, 그 생각이 실현되는 모든 분야—예술이든 운동이든 기술이든—에서는 몸의 행위가 곧 평가의 기준이 된다. 그렇기에, 그 분야가 요구하는 기초 지식이나 기술은 단순히 머리로 아는 것이 아니라, 반복 훈련과 연습을 통해 몸이 바른 자세로 기억하도록 만들어져야 한다. 신체 각 부위의 역할이 조화롭게 작동할 때, 비로소 하나의 통합된 몸으로써 '행위의 완성'을 이룰 수 있는 것이다.

4장

노래 부르기와 몸, 신체 부위별 역할

1. 양다리와 단전 허리(배꼽 아래) 부위의 역할

노래를 부르기 위한 양다리와 단전 허리(배꼽 아래) 부위는 신체 전체를 지탱하는 기둥 역할을 하며, 에너지(힘)가 필요한 순간마다 반드시 의지해야 하는 중심축이 된다.

이 부위는 노래를 부르기 위한 신체 행위에서 다음과 같은 핵심적인 역할을 수행한다:

① 바른 자세 → ② 호흡 관리 → ③ 행위 시 힘 분배(조율) → ④ 근육의 힘 → ⑤ 유연성과 몸 → ⑥ 기술 발달

바른 자세

모든 운동의 근본은 바른 자세가 시작이라고 본다.

사람이 하고 있는 모든 운동은 본질적으로 '몸을 움직이는 행위'라
는 점에서 같지만, 어떤 운동을 하는가에 따라 주로 사용되는 신체
부위가 달라지며, 그에 따라 행위의 방식도 달라진다. 예를 들어 축
구는 다리, 야구는 팔, 노래는 성대처럼 사용하게 되는 신체 부위들
이 다르기 때문에 신체 전체를 볼 때 어느 한곳이라도 자세가 미흡
하거나 흐트러지게 되면 주 사용 부위에도 오류가 생기게 된다. 그
이유는 분명하다. 사람의 몸은 모두 하나로 연결된 유기적인 구조
이기 때문이다.

이렇게 볼 때 노래 부르기에 있어 양다리, 단전, 호흡, 허리, 몸통
은 자세의 기둥이자 중심이 되며 그 외의 부위는 마치 가지와 꽃처
럼 부속이라고 볼 수 있다.

단전의 호흡 관리

노래의 음정과 발음은 곡의 흐름에 따라 높고 낮음의 변화가 반복
되는데, 특히 음정이 일정 수준 이상 높아질 때는 반드시 몸의 힘이
함께 작용해야만 성대와 구강이 안정적으로 노래라는 행위를 할 수
있게 된다. 이때 음정과 발음을 정확히 표현하기 위해서는 호흡을
중심으로 한 단전과 허리의 힘에 의지해야 하며, 그 힘이 몸을 정밀
하고 안정된 자세로 유지하게 만들어야 비로소 음정과 발음이 완성
된 노래로 연결된다.

즉, 노래는 목소리와 말이 음악이 되어 흘러나올 때 듣기 '좋다',

'잘한다', '아주 잘한다'는 평가를 받는 이유가 들리는 소리와 말이 단순히 크거나 선명해서가 아니라 몸의 힘과 자세, 성대와 구강의 힘과 자세가 얼마나 정밀하게 교류되고 있느냐에 따라 소리와 말로 표현되기 때문이다. 이처럼 정밀한 조율은 단전과 허리를 중심으로 한 호흡 관리를 통해서만 가능하며, 그 부위야말로 노래에 필요한 힘과 자세를 만드는 핵심적 역할을 담당한다.

노래와 신체의 힘의 교류

노래는 성대가 위치한 목 윗부분 조직들을 중심으로 목소리(성대)와 입의 움직임(말), 그리고 코를 통한 비음이 서로 교류하며 신체 안에서 음악을 만들어 내는 예술이다. 곡의 선율에 따라 노래의 음정과 발음은 매우 정밀한 표현을 요구하게 되며, 성대는 음정을 정확하게 구사해야 하고, 발음은 말 한마디에 아름다움과 감정을 담아낼 수 있어야 한다. 이 행위는 결코 가볍지 않은, 신체적이고 정신적인 고난이 수반되는 작업이다. 이러한 표현이 가능하려면 다음 두 가지가 전제되어야 한다:

- 자신의 뇌가 몸을 적절히 사용할 수 있는 판단력
- 몸이 뇌의 판단을 따라갈 수 있는 행위 능력

즉 노래의 소리와 말은 뇌와 몸이 서로 교류하는 수준만큼 구현될 수 있는 것이다. 이때, 음정의 흐름과 발음의 표현은 단전과 허리의 힘을 중심으로 한 호흡의 교류를 통해 신체 각 부위가 역할을 분담하고 연결될 때 비로소 가능해진다.

근육의 힘

노래에 필요한 근육의 힘은 호흡 그리고 신체의 반복된 연습과 훈련을 통해 서서히 길러지게 된다. 특히 성대 근육의 바른 발달과 노래에 필요한 부위의 근육 향상은 필수적이라 할 수 있다. 그런데 문제는 성대와 목 윗부분처럼 직접적으로 노래를 담당하는 부위는 연습 과정에서 대부분 힘의 쏠림 현상이 나타난다는 점이다. 신체의 이런 현상을 방치하게 되면 목과 구강 부위에 불필요한 근육의 힘이 자리 잡게 되어 연습을 하면 할수록 노래는 더 어려운 상황이 오게 된다. 심한 경우 목이 아프거나 목소리가 쉽게 쉬는 상태로 이어질 수 있다.

올바른 근육의 힘은 단전과 허리가 주축이 되고 노래를 부를 때 필요하지 않은 상체 부위는 최대한 힘을 빼는 것이 바람직하다. 이럴수록 실제 사용하는 부위는 집중력 있고 정교한 근육의 힘이 생겨날 수 있다. 이런 상태의 근육이 발달될수록 목소리의 힘과 발음의 선명성이 높아지게 되어 힘차고 질 좋은 노래를 부를 수 있게 된다.

유연성과 몸

사람의 몸은 부드러움과 단단함을 동시에 지닌 존재이다. 신체 구조를 보면 모든 관절은 움직임을 부드럽게 할 수 있도록 설계되어 있으며, 힘을 빼면 한없이 부드러워지지만, 힘을 줄 경우 딱딱한 나무처럼 몸이 굳어 버리기도 한다. 근육이 발달하면 훨씬 더 강한 힘으로도 몸을 사용할 수 있게 되는 것이 바로 사람의 몸이다. 이처럼 몸은 부드러움과 딱딱함을 모두 사용할 수 있는 구조를 가졌지만, 정밀한 기술이 필요한 운동이나 노래 같은 행위에서는 유연성이 반드시 뒷받침되어야 한다. 유연성을 기르지 못한 몸은 정밀한 표현력을 만들어 내지 못하며, 결국 기술도 발전할 수 없게 된다. 즉, 유연성이 부족하면 그 행위를 잘할 수 없다는 뜻이다.

● 유연성은 어떻게 만들어지나?

돌이켜 보면 연습이란 곧 유연성을 기르기 위한 수단이라 할 수 있다. 사람의 몸은 처음 접하는 분야를 시작할 때, 뇌와 몸의 첫 반응은 '경직'으로 나타난다. 즉, 몸과 뇌 모두 '아직 알지 못하는 상태'인 것이다. 뇌가 익숙하지 않거나 몸이 처음 해 보는 행동일수록, 이러한 경직된 반응은 누구에게나 비슷하게 나타난다. 하지만 시간과 세월이 지나 반복되는 연습을 통해, 이 반응은 점차 사라지고 유연성과 숙련으로 바뀌게 된다. 문제는, 그 과정을 어떤 마음가짐으

로 어떻게 거치는가에 따라 완전히 다른 결과로 이어진다는 점이
다. 마음이 급하면 급한 몸이 만들어지고, 힘을 과도하게 사용하면
거칠고 강한 움직임의 몸이 형성된다.

노래 연습에서의 유연성도 마찬가지이다. 자신의 몸에 적합한 방
식으로 신체를 사용하고, 노래에 필요한 기능을 체계적으로 훈련
해 나가는 것이 바람직하다. 그럴 때 몸은 점차 경직에서 벗어나,
음정과 발음을 부드럽고 정확하게 표현할 수 있는 상태로 변화하
게 된다.

근육의 발달

운동이나 노래도 바른 근육 발달은 필수 조건이다. 우리 몸은 일
정한 부위를 지속적으로 사용하면 근육이 형성된다. 근육은 시간이
지나면서 점점 강해지고, 힘도 세진다. 그런데 근육이 강하다는 것
은 곧 부드러움이 줄어든다는 의미이기도 하다. 문제는, 잘못된 뇌
의 판단이나 행위의 오류로 인해 필요하지 않은 부위에 근육이 발
달될 경우, 행위의 정밀도가 무너지고 실수로 이어질 수 있다는 점
이다. 또한, 근육은 만드는 것보다 푸는 것이 훨씬 어렵다. 반복된
연습은 습관이 되기 쉬우며, 연습하는 당사자 스스로도 자신의 몸
을 정확하게 사용하고 있는지 인식하기 어렵다. 이처럼 연습의 오
류로 인한 잘못된 근육 발달은 오히려 결과를 어렵게 만든다. 그래

서 혼자만의 무리한 연습은 삼가야 하며, 호흡과 양다리, 단전과 허리의 바른 자세를 유지하면서, 자신의 뇌가 '깨달음'을 얻을 때까지 기다리는 태도가 중요하다.

2. 단전과 명치

노래의 단전에서 명치까지의 역할

신체의 단전과 허리에서 명치에 이르는 부분에는 배가 자리하고 있다. 배는 호흡과 끊임없이 연결되어 있는 생동하는 중심이다. 배는 단 한순간도 멈추지 않고 움직이며, 몸이 힘들 땐 빠르게, 편안할 땐 느리게—호흡의 리듬과 함께 반응한다. 그러나 노래를 부를 때 배는 조금 달라진다. 호흡과 함께 정지된 상태로 전환되며, 노래의 구간마다 정지와 움직임을 반복하는 복합적 역할을 수행한다.

이는 곧 배가 노래의 에너지를 조절하는 조율자이자 성대와 구강에 힘을 안정적으로 공급하고 교류시키는 핵심 매개체임을 의미한다.

노래는 정해진 공식이나 절차 없이, 음정과 발음의 흐름이 상황에 따라 끊임없이 변화한다. 그 변화를 몸으로 해결해 내야만 제대로 된 노래가 가능하기 때문에, 배의 역할은 단순한 '힘 주기'가 아니라 다음 소리를 준비하고 이어 가기 위한 전신의 기반 설정이 된다.

노래란 소리를 내고, 쉬어 주고, 다시 내는 행위의 반복이다. 이때 '쉬어 주는 순간'에 다음 음정과 발음을 원만히 이어 갈 수 있는 호흡과 배의 자세가 마련되지 않는다면, 그 노래는 다음 단계로 나아가기가 어렵게 된다.

그렇다면 뇌와 노래 호흡과 배는 노래와 어떤 연관성이 있는가?

3. 노래의 뇌와 호흡, 배, 성대와의 관계

뇌가 몸으로 노래를 부를 때,

① 뇌는 악보의 음표나 노랫말을 눈으로 보고 귀에 들리는 대로 부르게 한다.

② 뇌는 자신이 알고 있는 방식대로 숨을 쉬고 판단해 노래를 부르게 한다.

③ 반주나 선창자의 소리에 맞춰, 뇌는 따라 부르게 만든다.

④ 이러한 반복을 통해 노래를 '연습하고 배운다.'고 인식한다.

이러한 방식은 사람마다의 신체 구조나 감각적 특성에 따라 쉽게 접근될 수도 있고, 때로는 '매우 어렵게 느껴질 수도 있다. 즉, 같은 노래 학습 방법을 적용해도 몸이 받는 반응과 결과는 제각각인 것

　　　　　　　　　　　　　　　　　　1부 • 몸의 이해

이다.

　몸의 자세로 노래를 부를 때,

　① 뇌는 먼저 노래에 대한 지식과 정보를 입력받는다.
　② 이후 뇌는 그 지식을 바탕으로, 몸의 '자세'를 통해 음정과 발음
　　을 표현하게 만든다.

　노래를 부르는 방식에는 두 가지 흐름이 있다.
　첫째, 뇌가 성대와 구강 중심으로 노래를 지시할 경우에 호흡과
배, 성대는 노래의 음정에 따라 움직이게 된다.
　둘째, 뇌가 몸의 자세를 중심으로 노래를 지시할 경우에 호흡, 배,
성대는 음정과 상관없이 고정된 중심을 유지할 수 있다.

　누구나 자신의 성대를 마음대로 사용할 수 있다고 생각할 수 있지
만, 몸에 힘이 가해지지 않을 때만이 성대는 본래의 자연스러운 기
능을 발휘할 수 있다. 하지만 '노래'라는 정해진 규칙과 형식을 따라
야 하는 상황에서는 몸 또한 그 규칙에 맞춰 성대와 함께 '정확하고
바른 행위'를 수행할 수 있는 구조로 다시 만들어져야 한다. 그렇게
해야만 비로소 뇌가 원하는 방향대로 자연스럽고 정밀한 노래의 표
현이 이루어질 수 있다.

노래 부를 때, 배는 음정 진행 중에도 흔들림이 없어야 한다

사람이 노래를 부를 때, 성대는 눈으로 보이지 않고 손으로 만질 수 없는 기관이기 때문에 정확한 음정을 '터치'하거나 '조율'할 수 있는 위치가 없다. 더불어 성대는 사람마다 관(파이프)의 형태와 넓이가 다르며, 노래하는 이의 음악적 지식 또한 각기 다르기 때문에 모든 사람이 동일한 방식으로 성대를 조절할 수는 없다.

모든 악기에는 눈에 보이는 구조와 포지션이 존재하고, 그 포지션을 통해 정확한 음정을 낼 수 있는 기준점이 있다. 하지만 사람의 성대는 모양과 구조가 각기 다르기 때문에, 각자에게 적합한 고유한 연주 방식이 따로 필요하다. 그럼에도 불구하고 사람은 음악적 지식이 많지 않아도 노래라는 행위를 할 수 있는 유일한 존재이다.

이렇게 노래는 참 막연한 행위이다. 눈으로 보이지 않고, 손으로 누르거나 조정할 수도 없는 이 성대를 통해 정확한 음정을 어떻게 구현할 수 있을까. 그런데도 묘하게 귀로 들리는 대로 따라 해 보면 어느 정도 비슷하게 되기도 하며, 자신의 목소리에 매료되어 빠지는 사람들도 있다. 또한 전문가들조차 노래에 대한 판단 기준이 다양하고 명확하지 않은 경우도 많다. 하지만 초보자의 입장에서 반드시 알아야 할 것은, '왜 잘 안 되는가?', '왜 잘못 부르고 있는가?' 하는 문제의 원인이다.

노래를 배우거나 부를 때, 귀로 들리거나 눈으로 보이는 음정에 맞춰 몸(머리나 배)이 따라 움직이게 되면, 자신도 모르게 '흉내만

　　　　　　　　　　　　　　　

내는' 상태에 빠지고, 아무리 노력해도 실질적인 발전이 이루어지지
않게 된다.

그 이유는 음정 변화에 따라 성대와 구강이 움직이면서 배까지 함
께 움직이게 되어, 결국 몸(단전과 배)이 중심 자세를 잡지 못했기
때문이다. 그러므로 노래 연습 시 어떤 경우든, 배는 흔들림 없이
중심을 유지해야 하며, 상황에 따라 배의 위치가 아래쪽(단전 방향)
으로 내려가는 것은 괜찮지만, 성대가 있는 윗부위로 배가 조금이
라도 올라가거나 끌려가게 되면 목소리나 음정에 문제가 발생할 수
밖에 없다.

노래 부를 때 명치에 힘이 쏠리는 것을 막아야 한다

노래를 부르기 위한 준비과정은 다음과 같다:

① 호흡을 시작하면서 뇌는 '이제 노래한다.'는 명령을 내리게 된다.
② 성대와 입이 움직이며 소리를 외부로 내보내는 행위가 시작된다.
③ 그런데 음정이 높아질수록 성대가 위치한 상체로 힘이 점점 쏠
    리게 되는 현상이 나타난다.

뇌를 가진 누구나 무언가를 한다는 생각이 앞서면, 몸은 알게 모
르게 경직된 상태로 반응하게 된다. 단순한 일회성 행위는 문제가
되지 않을 수 있지만, 기술이 요구되는 노래처럼 정밀성과 반복성

이 필요한 경우에는 이런 경직이 누적되어 갈수록 난이도와 고통이 증가한다. 신체는 움직임이 곧 근육과 연결되어 있기 때문에, 연습을 반복하면 자세와 힘, 유연성도 나름대로 만들어지게 된다. 그러나 전문적인 가수로 나아가고자 할 경우, 작은 자세의 오류나 힘의 잘못된 배분은 장기적으로 큰 불이익으로 이어질 수 있다.

특히 노래 연습 중에는 단지 '부른다.'는 생각만으로도 호흡이 명치에 멈춰 버리는 경우가 대부분이다. 이렇게 되면 몸은 명치 윗부분에 힘을 주는 방식으로 노래를 하게 되고, 그 결과 성대와 구강은 과도한 압박 속에서 제 기능을 다하지 못하게 된다.

이는 곧 음정, 발음, 호흡 흐름의 전반적 붕괴로 연결될 수 있다.

몸의 이런 현상을 막을 수 있는 방법은 다음과 같다:

① 호흡 시 상체의 힘을 완전히 풀어 준다. 몸을 '놓아 주는' 감각이 중요하다.

② 호흡으로 노래한다는 생각 자체를 내려놓는다.

③ 호흡을 최대한 아래로, 단전 방향으로 내려앉게 한다.

④ 높은음을 낼 때 힘을 사용하더라도 반드시 단전과 허리에서 나온 힘을 쓴다.

⑤ 어떤 순간에도 힘이 명치 쪽으로 올라가게 되면, 노래의 질서는 즉시 무너지게 된다.

　　　　　　　　　　　　1부 • 몸의 이해

노래에서 호흡과 배의 역할은 성대와 구강의 힘과 행위를 조율한다

노래를 부를 때, 성대는 성대 조직만으로 음정을 만들어 낼 수 없다.

정확한 음정과 발음을 표현하기 위해서는 반드시 배(호흡)와 에너지(힘)가 동반되어야 한다.

① 성대가 음정을 만들기 위해서는 배의 호흡을 통해 적절한 에너지가 전달되어야 한다.

② 성대의 소리와 구강의 말은 정확한 자세로 연결될 때 비로소 음정과 발음이 일치될 수 있다.

③ 이 일치는 곡의 음정 변화에 따라 에너지(힘)가 정밀하게 조율되어 전달될 때만 가능하다.

즉, 노래란 성대라는 고정된 포지션이 없는 소리로 음정을 형성하는 예술이다. 성대는 뇌가 원하는 음정을 만들 수 있지만, 그것만으로는 노래가 완성되지 않는다. 발음, 즉 '말'이 함께 동반될 때만 노래가 될 수 있으며, 이때 성대(소리)와 구강(말)은 서로 분리될 수 없는 하나의 '노래 행위'로 작동해야 한다.

노래의 어떤 음정에 어떤 발음이 올지에 상관없이,

- 성대가 음정을 만들 수 있는 힘,

- 구강이 발음을 수행할 수 있는 움직임의 힘이 서로 정확히 일치
  할 때, 완성도 높은 노래 표현이 가능해진다.

이를 위해선 구강 행위(턱, 혀, 입)가 정확한 자세를 유지하고, 그
바탕에는 반드시 배와 호흡에서부터 전달된 정확한 에너지(힘)가
있어야 한다. 이 에너지는 단지 힘의 양뿐 아니라 질 또한 중요하
다. 몸에서 전달되는 에너지가 조금이라도 잘못되거나 흔들리면 성
대와 구강은 에너지에 끌려가면서 자세가 무너지고, 결국 제대로
된 발성이나 발음이 이루어지지 않게 된다.

종합해 보면,

① 배와 호흡은 단전을 의지해, 어떤 음정과 발음에도 흔들림 없
  이 에너지를 유지해야 한다.
② 그 힘에 의지한 성대와 구강은, 서로 일치된 행위로 안정된 노
  래를 수행해야 한다.
③ '뇌는 진행되는 소절과 음정, 발음이 이탈 없이 실행될 수 있도
  록 올바른 자세와 에너지 흐름을 조율하는 총괄 통제자 역할을
  수행해야 한다.

노래의 배와 호흡은 성대 음정 상승(고음)과 목소리의 힘을 강화한다

노래를 부를 때, 성대는 단독으로 음정을 만들어 낼 수 없다.

배와 호흡의 역할이 함께할 때, 성대는 비로소 고음을 포함한 음정을 자유롭고 안정감 있게 구사할 수 있다.

이 음정 형성의 방식에는 두 가지가 있다:

- 뇌가 몸을 움직여 음정을 만드는 방식
- 몸의 자세로 성대를 고정하고, 호흡과 배를 조절해 음정을 만들어 내는 방식

① 뇌가 몸으로 음정을 만드는 방식
- 악보를 보며 흐름을 따라 부르거나
- 귀로 들리는 대로 소리를 흉내 내듯 따라 부르는 것이다. 이 방법은 일시적으로는 쉽게 느껴질 수 있으나, 성대와 몸이 음정 변화에 함께 움직이게 되어 안정성이 떨어지고, 음정과 발음의 편차가 커지며 고음과 저음을 자유롭게 내기 어려워진다.
② 몸의 자세로 음정을 만드는 방식
- 성대는 음정에 관계없이 제자리에 고정시키고
- 호흡과 배의 자세 조절을 통해 음정의 흐름을 조율한다.
- 음정이 올라갈 때 배의 힘은 아래로 눌러내려 중심을 고정시키고

- 음정이 내려갈 때 배의 힘을 부드럽게 풀어 주는 방식으로 조율
  한다.

이때 성대는 몸(단전, 허리)의 힘에 밀착되어 고정되며, 명치 아래 배와 단전의 힘이 성대에 전달되어 음정과 발음을 정확하게 구사할 수 있게 된다.

이러한 자세 기반의 노래법은 다음과 같은 장점을 만들어 낸다:

- 음정과 음정 사이의 끊김이 줄어들어 매끄럽게 연결된다.
- 고음과 저음을 안정적으로 소화할 수 있다.
- 성대와 몸이 하나로 통합된 듯한 에너지 흐름을 유지한다.
- 목소리의 힘과 질감이 좋아져 더욱 울림 있고 원활한 소리가 나
  온다.

결론적으로, 노래는 단지 뇌가 부르게 하는 것이 아니라 몸의 자세와 중심을 기반으로 조율된 호흡과 에너지 흐름 속에서 완성되어야 하며, 앞으로의 모든 노래 설명은 '몸의 자세로 부르는 방법'을 중심으로 전개된다는 것을 다시 한번 강조한다.

노래할 때, 호흡과 배는 명치 아래 공간을 비워둔 상태여야 한다

호흡은 들이마심(들숨)과 내쉼(날숨)의 리듬으로 이루어져 있다.

노래를 부를 때는 대체로 두 가지 방식이 나타난다:

- 호흡을 들이마시고 멈춘 채 노래하는 경우(들숨)
- 호흡이 몸에서 자연스럽게 빠져나가는 흐름 안에서 노래하는
  경우(날숨)

(1) 들숨 상태에서 노래할 경우

많은 사람들이 호흡을 들이마신 그 힘으로 노래를 한다고 생각한다. 하지만 들숨 후의 몸 상태는 사람마다 차이가 있으며, 그 상태에서 성대로 어떤 에너지가 전달되는지는 매우 중요하다.

들이마신 호흡이 성대로 강하게 몰리면, 성대는 과도한 압력으로 강한 소리를 내게 되고, 부드러운 호흡 흐름이면, 성대는 온화하고 미세한 소리를 만들 수 있다.

이처럼, 호흡과 배의 힘으로 노래를 하려는 시도는 자칫 성대를 압박하게 되며, 신체의 주 사용 부위에 과도한 힘이 몰리면 정밀한 노래 기술은 오히려 어려워진다.

(2) 날숨 흐름으로 노래할 경우 - 권장되는 방식

노래를 부를 때는 오히려 호흡이 몸에서 자연스럽게 빠져나가는 흐름(날숨) 속에서, 성대를 울리는 방식이 더 안정적이며 추천할 만하다. 처음에는 "호흡이 없이 어떻게 노래를 하지?"라는 의문이 들

수 있지만, 실제로는 다음과 같은 인식 전환이 필요하다.

"호흡이 곧 몸이고, 몸이 곧 호흡이다."

즉, 노래는 호흡 그 자체로 부르는 것이 아니라, 호흡이 몸 깊이 스며들어, 그 몸이 성대를 울릴 수 있게 되어야 한다. 이를 위해선 연습 과정에서 다음과 같은 조건을 만들어야 한다:

- 배 전체가 고무풍선처럼 유연하게 움직일 수 있는 상태를 만들어 주어야 하며
- 실제로 노래를 부를 때는 호흡이 정지된 상태로 전환되어 호흡이 몸 깊이, 아래쪽으로 가라앉아야 한다.

이와 같은 상태가 만들어지면, 명치에서 배꼽 사이의 공간은 자연스레 비워진 듯한 느낌을 받게 되고, 노래할 때 음정 흐름에 따라 단전에서 성대로 힘을 조율하며 안정되고 깊이 있는 소리를 만들어 낼 수 있게 된다.

4. 명치와 성대

명치에서 성대까지는 물리적으로 가까운 거리에 위치해 있으며, 성대는 인체 에너지(힘)가 직접적으로 전달되는 근접 부위라 할 수

있다. 사람의 성대는, 신체라는 큰 조직 속에서 힘을 사용하지 않고 자연스럽게 작동할 때 그 사람의 감정과 생각을 목소리라는 형태로 섬세하게 표현해 내는 신비로운 존재이다. 삶의 희로애락은 모두 성대를 통해 자연스럽게 전달된다. 하지만 성대를 '악기화'해 음악적으로 조작하고 활용하려고 할 때, 그 순간부터 성대는 신체 전체의 에너지 흐름 안에 놓인 '구조적 조직'이 된다. 즉, 성대는 더 이상 감정의 표현자만이 아니라 신체라는 큰 틀 속에서 에너지를 조율 받고 조율하는 '악기의 일부'로서 정교하게 다뤄져야 하는 위치에 놓이게 되는 것이다.

명치에서 성대까지 소리의 연결

(1) 가슴과 성대의 관계

명치 위에는 가슴이 있고, 그 위로 양 어깨와 등 그리고 목덜미가 위치하며, 앞면에는 성대가 자리 잡고 있다. 이처럼 성대는 가슴을 포함한 상체 전반과 인접한 관계 안에 놓여 있다. 그중 가슴과 성대의 관계는 특히 중요하다. 뇌가 노래를 위해 성대를 작동시킬 때, 가슴은 성대의 자세를 안정시키고 전체 신체와의 균형을 유지해 주는 역할을 한다. 가슴이 고정된 중심을 만들어 줄 때, 신체 전체가 흔들림 없이 성대와 일체감을 이루게 된다. 그러나 일부의 경우, '가슴을 들어 올리는 방식'으로 노래를 하도록 교육받은 사례도 있다.

이 방법은 단기적으로는 성대를 부드럽게 사용할 수 있을지 모르

지만, 다음과 같은 문제를 유발할 수 있다:

- 음역의 한계(고음과 저음 모두에서 제약이 생김)
- 목소리의 힘 약화
- 레퍼토리 제한(특정 곡만 소화 가능)
- 컨디션에 따른 기복이 심함

이러한 현상들을 고려할 때, 가슴을 상향시킨 노래 방식은 본질적으로 바람직하지 않다고 판단된다. 가슴은 본래 고정된 뼈 구조로 유동성이 없기 때문에, 이를 무리하게 활용하려는 방식은 신체의 자연스러운 흐름을 막고 노래하는 몸 만들기에도 오랜 시간과 어려움을 초래한다.

또한, 어린 시절부터의 경직된 자세나 성격적 습관이 가슴을 편히 두기 어렵게 만들며, 이는 흔히 음정을 정확히 표현하지 못하는 사람들에게서 자주 나타난다. 가슴이 과도하게 경직되면, 성대-명치-배-단전-허리로 이어지는 에너지의 흐름이 차단되고, 노래할 때 구강의 움직임에 따라 가슴이 함께 흔들리는 현상도 종종 발생한다.

결과적으로, 가슴이 움직이거나 흔들리게 되면 성대 역시 자세를 잃게 되어, 노래의 정확성과 안정성이 무너지게 된다.

(2) 어깨와 성대의 관계

사람의 양 어깨는 긴장하거나 놀라거나 움츠릴 때, 혹은 신경을 많이 쓸 경우 자연스럽게 위로 올라가는 반응을 보이게 된다. 이는 누구나 일상에서 쉽게 경험하는 신체 반응이다.

노래를 부를 때도 마찬가지이다. "실수하지 않으려는 마음"이나 "잘하고 싶다는 의욕"이 앞서게 되면, 자연스럽게 어깨에 힘이 들어가고, 심한 경우에는 어깨에 통증이나 뻐근함을 느끼기도 한다.

문제는, 성대가 위치한 부위가 신체 상부에 있다는 점이다. 성대뿐 아니라 구강, 눈, 뇌까지 모두 위에 모여 있기 때문에 신경과 힘이 위로 쏠리기 시작하면 성대 역시 자연스러운 작동이 어렵게 된다. 즉, 위로 몰리는 에너지와 긴장은 곧 성대의 기능 저하로 연결되는 것이다.

따라서 노래를 전문적으로 하려는 사람, 또는 전문인의 길을 준비하는 사람이라면 특히나 주의가 필요하다. 상체 위 부위의 힘을 의식적으로 빼 주는 연습, 그리고 호흡과 자세를 아래로 안정시키는 훈련은 끊임없이 반복되어야 하는 필수 과정이다.

(3) 등, 목덜미와 성대의 관계

성대는 목에 위치해 있다. 그래서 우리는 흔히 '목소리'라 부른다. 노래를 부르기 위해서는 성대에 에너지를 전달해야 하며, 성대는 뇌가 생각하고 알고 있는 바를 음정으로 표현하려는 시도를 실행한다. 하지만 성대는 단지 몸에서 나오는 힘의 양과 질, 그리고 성대와 구강의 움직임이 취하는 자세에 따라 소리와 말을 만들어 낼 뿐, 그 결과는 뇌의 생각과는 직접적으로 연결되어 있지 않다.

뇌는 판단하고 생각하는 존재이며, 몸은 자세와 힘과 행위로 그것을 표현하는 존재이기 때문이다.

결국, 몸은 현재 자신이 어떤 자세로 어떤 힘을 쏟고 있는지에 따라 그 상태 이상도 이하도 아닌 행위를 하게 된다. 따라서 성대와 구강을 뇌가 원하는 대로 자유롭게 쓰기 위해서는 성대 주변 조직에 쏠리는 힘의 흐름을 잘 관찰하고 조율할 줄 알아야 한다.

특히 등 뒤와 목덜미 부위는 노래를 부를 때 성대와 구강이 행위를 하기 위한 에너지를 전달하거나 받아들이는 중요한 역할을 한다. 이 부위의 근육이 뭉쳐 있거나 긴장되어 있다면, 성대의 유연한 작동을 방해하게 되어 자연스러운 노래는 물론, 뇌가 의도한 행위 역시 이루기 어렵게 된다. 상체의 어느 한 부위라도 힘이 들어가 있으면, 그 힘은 전신의 자세를 무너뜨리거나 왜곡된 에너지 전달로 인해 성대가 제 기능을 하지 못하도록 방해하게 된다. 그러므로 연습은 단지 "이렇게 부르고 싶다."는 의지만으로 되는 것이 아니다. 연습은 오히려 "어느 부위에 힘이 들어가 있는지를 찾아내고, 그 힘을 빼고 풀어 주는 과정"에 가깝다.

잘못된 힘들이 정리되고 풀릴수록 성대는 소리로 응답하게 되고, 그만큼 뇌의 생각과 의도가 몸을 통해 더 온전히 표현될 수 있게 된다.

5. 성대

　사람의 신체 중 유일하게 소리를 낼 수 있는 신비한 조직, 성대는 목에 조용히 안착되어 있다. 이 성대의 위대함은 모든 사람의 목소리가 모양도, 울림도, 색깔도 전부 다르다는 데 있다. 목소리가 '좋고 나쁨'을 논하는 건 사실 무의미하다. 그 차이는 개인의 고유한 개성과 특수성이며, 그 자체가 세상에 하나뿐인 신체 악기를 보유한 증거이다.

　노래를 부른다는 것은 내 악기를 내가 연주하는 일이며, "듣기 좋다.", "잘 부른다."는 평가는 결국 목소리를 연주하는 실력의 수준을 뜻한다. 타인에게는 존재하지 않는 나의 고유한 소리를 들려줄 수 있고, 또 타인의 악기 소리에도 귀를 기울일 수 있는 존재가 사람이라는 것은 놀라운 축복이자 존엄이다.

　우리는 종종 생명이 없는 사람이 만든 악기를 더 선망하고 매달리고는 하지만, 그보다는 자신의 '성대 악기'를 개발하는 데 더 많은 관심과 애정을 기울여야 하지 않겠는가. 몸만 있다면 어느 곳에서도, 그 어떤 순간에도 연주 가능한 나만의 악기, 성대.

　그것은 사람만이 누릴 수 있는 소리의 기적이다.

성대와 목소리

성대는 곧 목소리이며, 목소리는 '나'라는 존재의 가치와 정체성을 입증하는 숭고한 표현이다. 수많은 사람들 가운데 나와 완전히 같은 목소리를 가진 이가 단 한 명이라도 존재한다면, 세상의 질서 자체가 흔들릴 만큼 그것은 드문 일이다. 이처럼 모든 사람은 자신만의 고귀한 목소리를 가지고 있으며, 그 목소리는 때로 듣기 좋은 울림이 되기도 하고, 때로 듣기 싫은 파열음이 되기도 한다.

- 듣기 좋은 목소리가 나올 때

→ 웃고 있을 때

→ 마음이 평온할 때

→ 기분이 좋은 상태일 때

- 듣기 싫은 목소리가 나올 때

→ 화가 났을 때

→ 짜증이 날 때

→ 다투거나 공격적인 감정일 때

이러한 차이는 단지 소리의 크기나 음색 때문만이 아니라, 그 사람이 어떤 감정 상태에 있을 때, 에너지가 몸속 어디에 머물고 있는가에 따라 달라진다.

- 듣기 좋은 목소리일 때: 에너지가 가슴 아래로 내려가 있다.
- 듣기 싫은 목소리일 때: 에너지가 가슴 위로 몰려 있다.

이처럼 감정에 따른 자연스러운 신체 에너지의 흐름을 살펴볼 때, 노래 또한 "어떤 감정과 몸의 상태에서 소리를 내느냐?"에 따라 목소리의 질과 울림이 결정된다는 것을 알 수 있다. 무엇보다 목소리는 신체의 일부이다. 물리적인 조직이며, 진동하고 움직이는 근육과 물체이기 때문에, 올바른 방법으로 신체를 조율하고 훈련해 나간다면 누구나 탄력 있고 힘 있으며 듣기 좋은 목소리를 만들어 낼 수 있다.

성대와 음정

성대는 몸에 부착된 유일한 '소리의 기관'이자, 음정을 만들어내는 신체 조직이다. 음정은 바로 그 조직—성대의 움직임과 자세에 의해 높고 낮은 소리로 나타나게 된다. 이 구조는 피아노나 기타 같은 악기에서도 유사하게 나타난다. 음정이 내려갈수록 줄은 굵고 길어지며, 올라갈수록 가늘고 짧아진다.

사람의 성대 역시 음정이 내려가면 성대와 성구(발성 통로)가 넓어지며, 음정이 올라갈수록 점점 좁아지고 긴장된다. 그리고 일정 한계를 넘어서면 성대 조직이 멈추거나 닫혀 버리는 '음정 한계' 현상이 발생하게 된다. 성대와 성구는 눈으로 볼 수 없는 내부 조직이지만, 뇌의 입력이나 귀로 들은 정보를 바탕으로 우리 몸은 음정으로 전환하는 행위를 즉각 수행한다.

하지만 그 소리를 실제로 만들어 내는 것은 어디까지나 몸이라는 물리적 구조이다. 따라서 소리의 색감, 울림의 크기, 부드러움과 강함은 모두 몸의 현재 상태에 따라 달라진다. 즉, 성대 음정에 오류가 생기거나 소리가 불안정하거나 틀리게 나올 경우, 대부분은 뇌의 오류가 아니라 몸의 자세, 호흡의 흐름, 또는 성대에 가해지는 힘의 질과 방향에서 발생하는 것이다.

성대와 말

사람은 겉모습에서 크고 작음, 짧고 길음, 넓고 좁음의 차이는 있겠으나, 기본적인 신체 구조는 모두 동일한 형태로 형성되어 있다. 다만 그 안에서 남성과 여성의 차이가 존재할 뿐이다. 그러나 신체 구조가 같다고 해서, 목소리의 울림과 색깔이 같은 것은 아니다. 같은 남성이라도, 같은 여성이라도 목소리는 각자의 개성과 특성이 분명하게 드러나는 소리이다. 사람이 말을 할 때는, 자신의 신체가 가장 편안한 상태에서 성대의 자연스러운 울림을 통해 목소리가 만들어지며, 그 울림과 톤은 무의식적으로 자신에게 가장 안정된 '기본음'을 중심으로 형성된다.

따라서 말의 목소리를 기준 삼아 자신의 성대 악기의 기본음, 즉 "도"를 설정하는 것이 바람직하다. 이 기준은 이후 노래의 음정과 울림을 설계해 나가는 데도 튼튼한 출발점이 되어 줄 수 있다.

성대와 음역

성대의 '음역'이란, 한 사람이 낼 수 있는 최저음과 최고음 사이의 범위를 의미한다. 이 음역은 사람마다 다르며, 절대로 동일하게 취급될 수 없다.

예를 들어, 바리톤 색소폰, 테너 색소폰, 알토 색소폰, 트럼펫, 트롬본 등의 각종 관악기들은 관의 크기, 길이, 모양, 넓이에 따라 각기 다른 음역대를 가지게 된다. 사람의 목과 성대 역시 마찬가지이다. 성대나 성구의 넓이와 구조는 사람마다 조금씩 다르게 형성되어 있으며, 이로 인해 목소리의 양감이나 톤, 울림의 폭도 저마다 다르게 나타난다.

- 목소리가 굵고 울림이 큰 경우: 저음이 풍부하지만 고음은 부족해지기 쉽다.
- 목소리가 가늘고 울림이 적은 경우: 고음이 풍부하지만 저음은 부족할 수 있다.

결국 사람마다의 음색(tone)은 모두 다르지만, 그 차이는 '좋고 나쁨'의 구분이 아니라 서로 다른 '음역의 위치'에 있을 뿐, 하나의 음악 선상에 존재한다는 점을 이해해야 한다.

그러므로 자신이 말할 때 자연스럽게 나오는 목소리 톤을 '도' 음 정으로 설정하고, 그 조(키)에 적합한 음정 범위로 연습하며 자신에 게 맞는 노래를 하는 몸을 만들어 가는 과정이 필요하다.

또한 다음의 점을 함께 기억해야 한다:

- 고음보다는 저음에 더 많은 관심을 갖는 것이 유익하다.
- 저음은 몸이 이완되고 힘이 빠져나갈수록 더욱 자연스럽게 잘 나온다.

모든 운동과 마찬가지로, 노래 역시 '힘을 뺀 상태'가 연습의 본질 이다.

여기서 말하는 '힘을 뺀다.'는 것은 결코 힘이 없다는 뜻이 아니라, 성대와 구강 등 노래에 직접 사용되는 부위에만 필요한 힘을 집중 하고, 나머지 신체 부위들은 그 부위를 안정적으로 보완하는 역할 로 참여해야 한다는 의미이다.

뇌와 성대와 노래

성대는 사람의 몸에서 유일하게 '소리'를 만들어 내는 조직체이 다. 이 성대가 악기로서 음정을 만들고, '발음'이라는 말의 요소와 결합될 때 비로소 "노래"라는 하나의 연주 행위로 완성된다.

하지만 이 연주가 이루어지기 위해서는 몸에서 생성되는 힘의 질

　　　　　　　　　　　　　　　　　　

(부드러움과 강함), 양, 자세 등이 성대와 그 주변 근육에 미치는 영향이 조화를 이루어야 하며, 그 전체적인 행위의 형태와 표현이 목소리로 나타나게 된다.

(1) 성대는 근육과 주변 몸 상태에 지배된다

목에 위치한 작은 조직체인 성대는 노래할 때 사용되는 자세와 힘에 따라 그 기능이 달라진다. 즉, 뇌가 생각한 대로 움직이는 것이 아니라, 몸의 상태 그대로를 소리로 드러낼 뿐이다.

(2) 성대는 '자세' 그대로 움직인다

성대도 손처럼 뇌의 명령에 따라 넓어지고 좁아지고 위아래로 움직이며 조율할 수 있지만, 결국 그 움직임의 질과 결과는 몸의 자세와 상태가 결정한다.

(3) 성대는 에너지(힘)의 '질과 양'에 따라 소리 낸다

사람마다 타고난 신체 조건은 다르지만, 연습과 훈련을 통해 만들어진 근육 형성과 에너지 흐름의 차이도 결국 성대가 낼 수 있는 소리의 울림과 강약을 좌우하게 된다.

(4) 성대는 구강 행위의 힘과 자세에도 영향을 받는다

성대는 구강보다 훨씬 약한 조직이다. 그래서 구강(턱, 혀, 입 등)

의 발음 자세나 힘이 성대에 제대로 조율되지 않으면, 비음으로 전달되는 울림이 뇌의 판단을 어렵게 만들고, 결과적으로 성대의 불안정, 음정 오류, 소리의 결함이 발생하게 된다. 발음이 미숙하면 전달력은 떨어져도 괜찮지만, 성대의 오류는 곧 노래 전체에 치명적 결함으로 드러나게 된다.

(5) 성대는 뇌의 판단 이전에 '몸의 현재 상태'로 반응한다

좋은 가수의 노래를 듣고 뇌에 입력해도, 실제 부를 때는 자신의 몸이 가진 현재의 조건이 우선이다:

- 현재의 호흡력
- 호흡을 이해하고 조절하는 지식
- 그 힘을 에너지로 바꿀 수 있는 몸의 자세
- 성대와 구강 행위에 대한 뇌의 실제 체득된 이해

이런 요소들이 먼저 정리된 상태에서, 하나씩 몸으로 연습하고 정착시켜야 노래가 비로소 완성된다.

● **예시: 노래 한 곡을 연습할 때의 두 단계**

① 뇌의 입력 단계

- 음정과 박자
- 가사의 의미와 발음
- 원곡 가수의 표현 방식

② 몸의 실천 단계
- 1~2소절을 소리와 말로 정확히 표현할 수 있는 호흡 거리
- 그에 적합한 자세와 호흡 조절
- 음정과 발음에 맞는 성대-구강의 연결
- 다음 소절로 넘어가는 매끄러운 흐름

이처럼 노래란 뇌가 먼저 상상하고, 그다음 몸이 응답하는 과정이다.

연습은 곧 뇌가 그 응답의 구조를 몸이라는 무대 위에서 반복하며 다듬어 가는 시간이다.

6. 노래와 비음

비음은 흔히 말하는 콧소리, 즉 코로 울리는 소리이며, 발음의 완성을 위해 반드시 필요할 때가 있다. 말과 노래에서 발음을 완결하

는 중요한 요소로 기능하는 것이다.

의식적인 비음 사용

노래를 부를 때, 비음을 의도적으로 활용하는 경우가 있다. 이것은 개인의 판단과 성향에 따라 달라지며, 성대 울림의 특징에 따라 각기 다른 결과를 나타내기도 한다. 특정 노랫말의 분위기나 감정을 살리기 위해 비음이 효과적으로 사용될 수도 있지만, 그 사용이 과하거나 불필요할 경우, 노래가 천박하거나 과장된 인상을 줄 수 있으므로 주의가 필요하다.

선천적인 비음

간혹 말을 할 때부터 콧소리가 섞여 있는 사람이 있다. 이러한 경우 발음이 선명하지 않게 들릴 수 있으며, 심할 경우 상대방이 말을 이해하기 어렵게 되는 현상도 발생한다. 이런 성향은 드물고, 특별한 원인을 단정하긴 어려우나 선천적인 구조의 차이에서 비롯된 것으로 여겨진다.

무의식적인 비음

말하거나 노래할 때, 무의식적으로 비음이 섞이는 현상도 흔히 나타난다. 노래를 연습할 때, 본인도 인식하지 못하는 상태에서 말소리가 코로 울리게 되면, 목소리가 밖으로 잘 전달되지 않거나, 소리가 약하게 느껴지게 된다. 이는 발음을 하면서 코가 열리는 방식으로, 입과 코 양쪽으로 에너지가 분산되는 현상 때문이다. 자세히 살피지 않으면 발견하기 어려운 패턴이기도 하다. 이러한 불필요한 비음 사용은 목소리를 약하게 하고, 발음의 선명도까지 떨어뜨리게 되므로, 노래를 연습할 때 반드시 의식적으로 점검할 필요가 있다.

또한 지나치게 뇌가 '노래 그 자체'에 집중하게 되면, 몸의 흐름은 무시된 채, 소리가 코로 쏠리는 현상이 자주 발생한다.

따라서 연습할 때는 뇌의 중심을 항상 몸의 하부(단전, 허리, 배) 쪽으로 분산시키는 의식이 매우 유익하다.

7. 두성이란

가끔씩 '두성(頭聲)'이라는 말을 듣게 될 때마다 문득 의문과 난감함이 함께 든다. 과연 머리에서 또 다른 소리가 난다는 뜻인가? 사람의 몸에서 실질적으로 소리를 낼 수 있는 기관은 오직 '성대'뿐이며, 그 소리는 입과 코(비음)를 통해 밖으로 전달된다.

게다가 목소리를 만들어 내는 모든 조직이 이미 '머리'에 속해 있는 구조 안에 놓여 있는데, 어떻게 '또 다른 소리', '두성'이라는 표현이 가능한가? 짐작건대, 이는 비음에 가까운 울림 소리를 그렇게 묘사해 온 것이 아닐까 싶다.

그러나 만약 실제로 두성이라는 또 다른 소리 구조가 존재한다면, 사람마다의 고유한 목소리 개성은 무너질 수 있고, 발음의 조형과 발성 체계에도 불일치가 생길 수 있다. 지금까지 두성이라는 말을 들어본 적은 있어도, '두성으로 노래했다.'는 명확한 근거나 정의를 접한 적은 없다.

오히려 사람의 노래는 성대를 중심으로, 머리에 속한 모든 조직의 협응 속에서 발생되는 행위이므로, 그 전체를 하나의 구조로 보았을 때 노래 자체가 이미 '두성'이라 할 수도 있지 않을까 생각하게 된다.

8. 창법이란

가끔씩 '창법(唱法)'이라는 말을 듣게 된다. '창(唱)'—노래한다는 뜻은 인정하겠지만, '법(法)'이라는 말은 선뜻 받아들여지지 않는다. 목소리에 과연 법이 있을까. 법이란 지켜야 할 무언가일 텐데, 소리에 어떤 법을 지켜야 한다는 말인가.

사람의 목소리는 모두 다르다. 소리의 울림도 색깔도 각각이며, 말의 억양과 느낌까지, 인간만이 낼 수 있는 신비로운 소리를 지니고 있다. 이 고유한 목소리와 말이 합쳐질 때, 노래가 된다. 물론 잘하고 부족함의 차이는 있겠지만, 같은 노래를 열 명, 백 명이 불러도 모두 다르게 들리는 것. 그건 오직 사람에게만 가능한 일이다.

아무리 어떤 가수의 노래를 똑같이 흉내 내 보아도 결국 넘을 수 없는 벽이 있다. 만약 모든 사람의 노래를 '가창법'이라는 이름으로 구분하려 든다면, 사람마다 자기만의 가창법이라는 명패를 붙여야 할 것이다. 누구도 타인의 소리와 말을 완전히 흉내 낼 수 없다. 그것이야말로, 사람이 부르는 노래가 지닌 진정한 가치이자 위대함이 아닐까.

결국, 모든 사람이 부르는 노래는 그 자체로 이미 대단히 위대한 표현이다. 잘하고, 부족하고… 다만 그것뿐이다.

9. 구강

구강의 모체는 턱 관절이며, 노래의 꽃은 발음(말)에 있다.

발음은 단순한 입의 움직임이 아니라 ① 턱 ② 성대 ③ 성구 ④ 입 ⑤ 혀 ⑥ 비음의 정밀한 조화로 이루어지는 구강 전체의 종합 행위이다.

말과 노랫말의 차이

일상적인 말은 몸과 구강에 힘을 거의 주지 않고 이뤄지기 때문에 대부분의 사람은 비슷한 신체 조건 속에서 말을 할 수 있다.

그러나 '노랫말'은 다르다. 노래는 음정을 구현해야 하므로 성대와 성구가 음정의 흐름에 맞춰 움직이는 동시에, 발음도 함께 이뤄져야 한다. 즉, 성대의 '음정 행위'와 구강의 '발음 행위'가 동시에 조율되어야 한다.

음정과 발음의 상호 작용

- 음정을 만드는 몸의 자세와
- 발음을 만드는 구강의 행위가 정확한 자세와 형태로 하나의 모양을 갖출 때, 비로소 좋은 소리와 명확한 말이 탄생할 수 있다.

하지만 만약,

- 몸의 자세에 미세한 오류가 발생하면, 발음도 그 오류에 영향을 받게 되고,
- 구강 행위에 미세한 오류가 생기면, 음정 또한 흐트러지게 된다.

결국 노래의 한 음정과 한 발음은 정교한 톱니바퀴처럼 맞물려야만 몸에서 가장 좋은 소리와 말로 표현될 수 있다.

구조적 연결의 중요성

노래는 소리 하나, 말 하나가 끊임없이 이어지는 흐름이다. 따라

서 하나의 음정이나 발음에서 발생한 오류는 그 다음으로 이어지는 음정과 발음에도 영향을 미친다.

그러므로,

- 목소리의 음정은 몸의 자세로,
- 발음은 구강의 행위로 정확한 계산과 연습을 통해 조율되어야 하며, 이를 가능하게 하는 호흡과 몸 만들기가 반드시 병행되어야 한다.

노래를 부를 때 음정이란 무엇인가?

노래란 결국 음정과 발음의 흐름이 끊기지 않고 연결되며 진행되는 몸의 행위이다.

이를 가능하게 하기 위한 핵심 세 가지 원칙은 다음과 같다:

(1) 호흡 관리와 몸의 자세

노래를 부르기 위해선, 단 한 번의 호흡으로 다음 호흡까지의 모든 음정과 발음을 감당할 수 있는 몸 만들기가 필요하다.

이를 위해,

- 저음일 때는 가슴 아래쪽 중심의 힘,
- 중음일 때는 명치 중심의 힘,

- 고음일 때는 배와 단전의 안정된 힘이 동원되어야 하며,

- 성대는 몸 전체와 함께 목에 고정된 상태로 조율되어야 한다.

이때 몸의 에너지는 음정이 움직이는 방향의 '반대 힘'으로 잡아 주는 것이 유익하다. 고음으로 올라갈수록 몸은 아래로 눌러 주며, 저음으로 내려갈수록 몸의 힘을 부드럽게 풀어내는 방식이다.

(2) 시작 음정과 다음 호흡 전까지의 음정 간 편차를 최소화

노래 속 음정은 끊임없이 움직이며 변화한다. 이때 목소리의 양이 자연스럽게 연결되어 '하나의 소리처럼' 들려야 한다. 즉, "말이 목소리 속에 들어 있다."는 인상을 줄 수 있을 때, 그 노래는 정서적 안정감과 표현력을 동시에 갖추게 된다.

반대로, 말만 도드라지고 목소리가 사라지면 그 노래는 오히려 '말하는 듯한 노래'가 되어 오류를 드러내게 된다.

이 현상은 보통 턱 관절의 유연성이 부족하거나, 구강에 과한 힘이 작용할 때 발생한다.

(3) 노래의 음정 흐름에서 목소리 양의 일관성 유지

"노래는 목소리가 주인공이다." 모든 사람은 선명하고 안정적인 목소리로 노래하고 싶어 하지만, 실제로는 그 유지가 쉽지 않다.

그 이유는 다음과 같다:

　　　　　　　　　　　　　　　　　　　　　

- 성대는 음정을 만들 때, 몸의 힘이 과하게 가해지면 울림이 점차 사라지게 된다.
- 구강에서 말을 만들어 낼 때, 턱과 입에 힘이 몰리면 발음도 경직되고 불분명해진다.

이런 문제를 해소하기 위해서는 호흡을 가슴-명치-배 방향으로 부드럽게 내리고, 단전과 허리의 힘으로 상체 전체를 하나의 중심으로 정렬시켜야 한다.

이와 같이 정렬된 상태에서 성대와 구강은 아래 신체(배, 단전, 허리)를 의지하며 고정되게 된다.

결과적으로,

- 목소리 양을 일정하게 유지할 수 있으며
- 발음도 자연스럽고 자유롭게 표현될 수 있게 된다.

구강의 역할 - 발음을 위한 구조적 조건

구강은 단순히 입과 혀의 움직임만이 아니라 발음을 위한 모든 구성 요소가 통합적으로 작동하는 구조이다.

그 핵심은 다음 세 가지 원칙에 있다:

(1) 구강 행위의 힘을 일정하게 유지시킨다

노래의 음정과 발음은 곡선처럼 흐르며 변화한다. 이때 음정의 상승과 하강에 따라 턱, 혀, 입 등의 구강 행위에도 힘의 변화가 생기기 쉽다. 특히 고음으로 올라갈수록, 성대에 전달되는 힘이 커짐에 따라 아래턱의 힘도 과도하게 붙게 되면 정상적인 음정이 나오기 어렵게 된다.

이러한 문제를 방지하기 위해서는,

- 상체의 긴장을 호흡으로 풀어 주고
- 상체를 스펀지처럼 부드럽게 만든 상태에서
- 단전과 허리 중심의 힘으로 구강 행위(턱, 혀, 입, 성구)를 항상
  일정한 에너지 상태로 유지시켜야 한다.

(2) 아래턱의 힘을 가슴과 함께 아래로 조율한다

노래에 자신이 없을수록, 사람들은 발음(말)에만 집중하는 경향을 보인다.

그러다 보니 구강에 과도한 힘이 들어가게 되고,

- 목소리는 약해지고
- 연결감이 사라지며
- 노래 흐름은 단절되기 쉽다.

이럴 땐 다음과 같이 조율해야 한다:

- 아래턱을 가슴과 함께 아래로 눌러내고
- 혀의 뿌리(구강 안쪽)를 부드럽게 밀착시켜
- 성대의 힘이 몸 아래로 안정되게 흐르도록 유도한다.

이렇게 하면 구강의 긴장이 풀리면서 발음이 편안하고 자연스럽게 만들어질 수 있다.

(3) 구강은 움직임만, 성대는 몸과 함께 있게 한다

사람의 성대는 뇌의 명령이나 귀로 들은 음정을 즉시 소리로 바꾸어 외부로 내보낼 수 있다. 하지만 그 성대가 어떤 종류의 힘에 의해 울려 나오는지가 중요하다.

성대에서 나오는 소리는 다음과 같은 힘의 조합에 따라 달라진다:

- 인위적인 강한 힘 → 소리가 거칠고 튀며, 울림은 적다.
- 인위적인 부드러운 힘 → 울림은 있지만 깊이가 부족하고 힘이 떨어진다.
- 훈련된 강한 힘 → 무게는 있으나 부드러움이 줄어들 수 있다.
- 훈련된 부드러운 힘 → 무게와 안정감이 조화되며 이상적인 목소리를 낼 수 있다.

결국 성대는 몸과 연결되어 있어야 하고, 음정을 만드는 중심은 몸이며, 발음은 오직 움직임에 집중되는 구강이 담당해야 한다. 이때 두 영역의 분업과 조화가 일어날 때 가장 좋은 소리, 가장 자연스러운 말이 만들어진다.

목소리의 끝음 처리

사람의 목소리는 자신의 몸이 가장 편안할 때 나오는 소리가 가장 듣기 좋은 소리이며, 노래할 때에도 그 편안함 속에서 만들어진 목소리의 양이 가장 적절한 상태라 할 수 있다.

그러나 실제로 노래를 부르게 되면 곡의 음정과 발음의 구조(룰)에 따라 목소리를 크게, 길게, 높게 낼 수밖에 없게 되고, 이러한 소리들은 자연스럽게 호흡을 통해 몸통의 힘이 성대로 향하게 되는 방식으로 외부에 드러나게 된다.

한 소절, 두 소절…. 노래가 진행되며 목소리의 양이 일정하지 않다면, 이는 곧 몸통에서 성대로 전달되는 힘의 양에 편차가 생기고 있다는 증거이다. 반대로 전체적으로 안정적인 소리가 유지되고 있다면, 몸의 자세나 에너지 흐름이 균형 있게 정리되어 있다는 신호가 된다.

노래에서 길게 마무리되는 마지막 끝음 처리는 단순한 소리의 마감이 아니라, 숨을 쉬기 직전 몸의 정리 상태와 안정 정도를 고스란히 드러내는 중요한 단면이다.

- 끝음 처리가 부드럽고 안정적이면 → 몸의 중심이 잘 정리되어
  있는 상태
- 끝음 처리가 흔들리거나 급하게 정리되면 →
① 성대나 구강에 과도한 힘이 몰려 있거나
② 호흡이 명치에서 가슴으로 따라 올라가는 현상
③ 전체 몸의 힘이 성대로 너무 많이 집중되고 있는 상태로 볼 수
  있다.

이러한 현상을 바로잡기 위해서는,

- 호흡을 통해 상체의 힘을 풀어내고
- 호흡의 방향을 아래(배, 단전)로 향하게 하며
- 목소리의 양을 줄여서 조용하게 연습하는 과정이 필요하다.

특히 연습할 때 성대로 향하는 힘보다 단전과 허리로 향하는 힘이 더 빠르고 세게 내려갈 수 있도록 꾸준히 조율한다면, 몸의 중심이 안정적으로 잡히고 결과적으로 끝음 처리도 자연스럽고 순조롭게 이어질 수 있게 된다.

10. 턱과 관절

노래를 부르려면 턱이 움직여야 한다. 턱의 형태는 사람마다 조금씩 다르며, 턱뼈의 구조나 움직임도 각기 다른 얼굴 모습에 따라 달라지게 된다. 이 턱의 움직임은 발음을 구성하는 '모체' 역할을 하며, 그로 인해 구강의 구조, 목소리, 심지어 노래의 인상까지 달라지게 만든다.

아래턱

노래를 부르려면 턱이 움직여야 한다. 턱의 형태는 사람마다 조금씩 다르며, 턱뼈의 구조나 움직임도 각기 다른 얼굴의 모습에 따라 달라지게 된다. 이 턱의 움직임은 발음을 구성하는 '모체' 역할을 하며, 그로 인해 구강의 구조, 목소리, 심지어 노래의 인상까지 달라지게 만든다. 노래할 때, 아래턱은 성대와 함께 움직인다. 성대는 '소리'를, 아래턱은 '말'을 만들어 낸다. 그러나 성대는 턱, 입, 혀보다 훨씬 민감하고 미세한 조직이기에 그 상태를 감지하거나 조절하기 어렵다. 때문에 구강의 형태가 조금만 바뀌어도 성대의 위치나 방향이 쉽게 흔들리게 된다. 턱, 입, 혀 중 어느 한곳에라도 과한 힘이 들어가게 되면 구강 행위의 밸런스가 무너지고, 그 여파가 성대를 위로, 아래로, 안으로 이탈시키는 결과를 낳게 되는 것이다.

아래턱은 뼈로 이루어진 딱딱한 조직이다. 따라서 발음을 위해 움직이기 위해선 턱 관절의 유연성과 입 모양(구강 형태) 모두가 함께 조화를 이루어야 한다. 하지만 이 조화가 쉽지는 않다. 성대와 구강은 밀접한 관계를 맺고 있지만, 문제는 구강은 힘을 많이 사용하고, 성대는 그 힘에 약하게 따라가는 위치에 놓여 있다는 점이다.

노래를 부르는 사람은 다음의 원칙을 기억해야 한다:

- 구강은 부드럽고 최소한의 힘으로 사용하고
- 성대는 중심을 강하게 고정시켜야 한다.

그런데 성대를 스스로 강하게 붙들 수는 없다. 오직 호흡을 기반으로 한 하체의 중심-즉 단전과 허리의 힘이 성대를 흔들리지 않게 안정적으로 지탱해 주는 유일한 방법이다. 성대를 성대 자체로 지킬 수 있는 방법은 없다. 호흡으로 연결된 몸 전체가 성대를 붙드는 '받침대' 역할을 할 때, 비로소 구강의 움직임과 분리된 성대의 울림이 자유롭고 안정된 소리로 발현될 수 있게 된다.

아래턱과 입안

아래턱의 움직임은 입안의 공간 형태에 직접적인 영향을 준다. 턱을 입술 아래로 충분히 내리면, 입안 공간이 넓어지며, 소리는 두터운 울림으로 형성된다. 반대로 턱을 올리면, 입안 공간이 좁아지고, 소리는 보다 정제되고 날렵한 울림이 된다. 그러나 노래할 때 턱을 필요 이상으로 내리게 되면, 입안이 과도하게 넓어져 목소리가 지나치게 두터워지고, 음정 구사가 어렵게 되는 문제가 발생할수 있다.

노래할 때는 아래턱을 살짝 올려 입안의 공간을 과하게 열지 않도록 유지하는 것이 바람직하다. 이때 입 바깥(입술, 턱 등)은 움직임이나 사용량이 많아져도 괜찮지만, 입 안쪽(혀, 구강 깊이, 공간 구조)은 사용을 최소화하며 입안 공간을 지나치게 확장하지 않는 것이 좋다. 이러한 사용 조절은 고음을 보다 안정적으로 낼 수 있도록도와주며, 음정 흐름을 보다 유연하게 이어 갈 수 있게 한다.

턱과 성대, 그리고 발음

노래는 단순한 입놀림이나 음정의 진행이 아니라, 턱-성대-구강-몸의 전체 에너지 구조가 함께 작동하는 복합적 행위이다. 그중 '턱'은 뇌가 원하는 음정과 발음을 실현시키기 위한 중요한 관절 중심으로 작용한다.

(1) 턱 사용의 현 상태 파악

노래를 부르기 위해선 턱이 부드럽게 움직일 수 있어야 하며, 턱관절의 유연성이 없으면 발음의 따뜻함과 자연스러움이 만들어지기 어렵다.

- 몸의 에너지가 과도하게 성대에 전달되면 → 턱도 경직되어 움
  직임이 둔해진다.
- 발음을 위해 턱에 힘이 과하게 들어가면 → 성대 역시 경직되어
  음정 구사가 어려워진다.

결국 턱과 성대는 한 몸처럼 움직이며, 몸 전체의 에너지 흐름에
따라 동시에 영향을 주고받는 구조에 놓여 있다.

(2) 턱의 형태와 발음 - 성대 간 교류

같은 단어라도, 어떤 음정에 배치되느냐에 따라 그리고 앞뒤 음정
의 흐름과 연결 구조에 따라 턱의 위치와 구강의 형태가 달라지고,
발음도 변하게 된다.

이처럼 턱의 행위는 성대의 음정 흐름과 정밀하게 교류해야 정확
한 음정과 발음을 동시에 구사할 수 있게 된다.

단, 어떤 경우든 중요한 것은 성대는 몸의 중심 위에 안정적으로
고정되어 있어야 하며, 발음이 아무리 복잡하고 미묘하더라도 성대
가 흔들리거나 이탈되지 않도록 단전과 상체로 지탱되어야 한다.

(3) 턱 행위와 성대 음정의 관계

턱은 발음을 지시하고, 성대는 음정을 구현한다. 그러나 이 둘은
별개가 아닌, 완전히 동일한 조건 안에서 움직인다. 정확히 말하면

정확한 턱의 움직임은 성대가 안정된 자세에서 선명하게 울린다. 바른 몸의 중심과 호흡의 힘은 성대가 몸과 조율된 상태에서 소리를 만든다. 턱과 입안의 행위가 말하듯 부드럽고 조용할수록 발음은 자연스러워지고, 소리는 깊어진다.

(4) 턱 행위와 입안의 형태와 행위대로 노래는 나온다

노래가 입 밖으로 나올 때까지는 성대의 울림과 턱을 모체로 한 입, 혀, 성구, 비음 등이 동시에 작동해 말과 목소리를 함께 만들어 낸다. 이때 소리가 가장 자연스럽고 선명하게 나오려면, 성대는 반드시 호흡에 의해 고정된 상체와 하나의 구조물로 연결되어 있어야 한다.

그리고 그 위에 턱, 입, 혀, 성대, 성구가 같은 힘과 같은 부드러움 그리고 같은 움직임으로 정밀하게 연결될 때 가장 이상적인 발음과 소리가 만들어질 수 있다. 즉, 성대로 음정을 만드는 몸의 중심(에너지)은 결국 구강으로 전달되어, 그 힘의 성질이 곧 구강 행위의 질감이 되고, 구강이 움직이는 그대로 노래의 결과가 결정되게 되는 것이다.

구강은 말을 하기 위해 턱, 성대, 성구, 입, 혀, 비음 등을 성대의 울림을 받아 움직이며 말을 만들어 간다. 성대의 소리 없이 구강은 아무리 움직여도 말이 되지 않으며 성대는 아무리 소리를 내어도 구강의 움직임 없이 말이 되지 않는다.

노래는 성대가 몸의 힘을 에너지로 해 노래의 음정과 발음을 만들어야 하며 노래의 음정과 발음은 뇌의 생각대로 몸이 허락하는 선에서 나오게 된다.

턱을 크게, 반복적으로 움직일 때 생기는 문제들

노래 중 턱을 크게, 여러 번 움직이게 되면, 음정은 일정하게 유지되기 어려우며 위로 치솟거나, 아래로 꺾이거나, 불안정하게 고정되는 현상이 나타날 수 있다.

그 이유는 다음 두 가지로 나뉜다:

(1) 턱의 움직임이 강해지면 목소리와 말이 거칠어진다

음정이 높아질수록 신체의 에너지는 성대로 강하게 몰리게 되고, 동시에 턱이 크게 움직이게 되면 그 힘과 속도에 의해 발음이 거칠고 불안정해진다.

이러한 현상이 나타나면 다음과 같이 조율해야 한다:

- 입 앞으로 튀어나오는 구강 행위의 힘을 억제하고,
- 성대가 위치한 가슴-명치 부위를 부드럽게 압박하듯 눌러 주며,
- 호흡을 아래로 흐르게 해 성대를 끌어내리는 느낌으로 정리한다.

이렇게 하면 성대는 안정되고, 구강 행위는 힘을 최소화하며 목소

리와 발음도 안정적으로 이어질 수 있다.

(2) 음정이 높을수록 턱과 성대의 연동력이 흔들린다

음정이 높아질 때 사람의 몸은 더 많은 힘으로 성대를 사용하게 된다. 이때 성대에 집중된 에너지는 자연히 턱에도 함께 전달되며, 턱의 힘이 성대보다 크거나 비슷한 수준으로 작용하면 성대가 열리고 음정이 무너지는 현상이 발생한다.

이러한 경우에는 몸이 성대를 강하게 '붙들어 주는 구조'를 마련해야 한다. 즉, 단전과 허리 중심의 안정된 힘으로 성대를 성대 그대로 방치하지 말고 구강과 성대가 흔들리지 않게 "중심 축 아래"에서 잡아 주는 조율이 필요하다.

턱관절의 유연성

노래에서 턱 관절의 유연성은 매우 중요하다. 턱관절은 말을 하거나 음식을 먹을 때 일상적으로 움직이긴 하지만, 노래를 부를 때는 말보다 훨씬 더 인위적이고 강도 높은 움직임이 요구된다.

특히 노래는 성대가 '소리'를 만들고 턱이 '말'을 형성하는 행위가 동시에 진행되기 때문에, 턱 관절에 불편함이나 경직이 생기면 음정과 발음 모두 정확성을 잃고 흐트러질 수 있다.

따라서 노래하는 사람은 항상 턱 관절을 부드럽고 크게, 자주 움직이는 연습을 습관화해야 한다. 이러한 습관이 쌓일수록 입안의 조형이 자유로워지고, 말소리와 음정이 정밀한 조율 아래 맞물려 나오게 된다.

턱이 빠르게 움직일 때

노래를 하다 보면, 빠른 템포로 발음을 이어 가야 하는 구간이 자주 등장한다. 이러한 경우, 성대와 구강을 동시에 크게 작동시키게 되면 소리와 말의 조율이 엇갈리기 쉽고 목소리가 끊어지는 듯한 불안정성이 발생해 노래 흐름 전체에 불편함을 주게 된다.

이럴 때는 오히려 턱의 움직임을 줄이고, 성대는 안정적으로 고정된 상태를 유지하며 혓바닥만으로 발음을 이어 가는 방식이 훨씬 효과적이다. 즉, 빠른 노랫말 구간에서는 턱을 작게 움직이고 혀 중심의 미세한 조음으로 성대의 울림은 중심에 고정시켜 말과 소리의 균형을 놓치지 않는 것이 중요하다.

턱과 구강

성대가 음정을 만들기 위해 필요한 힘을 낼 때, 턱과 구강은 그 음정에 적합한 발음을 구현하기 위한 자세와 형태를 동시에 갖추어야 한다. 이를 위해 턱과 구강은 입과 혀를 섬세하게 움직이며 아름다운 말의 표현을 완성해야 한다. 이때의 '아름다움'이란 턱, 입, 혀, 성구, 비음 등 구강 전체의 움직이는 조직들이 부드럽고 따뜻한 힘의 교류 속에서 하나의 말소리를 만들어내는 것을 의미한다.

그러나 다음과 같은 경우에는 구강의 질서가 무너지게 된다. 어 떤 음정 위에서 발음을 할 때, 턱의 움직임이 강하고 과도하게 작용 하거나, 빠르고 급한 방식으로 발음이 진행될 경우 발음의 균형이 무너지고, 음정도 불안정해진다. 입의 움직임 자체가 서툴거나 발 음의 형태가 불명확할 경우, 결국 성대의 소리와 말의 형상화가 엇 갈리게 된다.

따라서 노래를 할 때 턱과 구강의 행위는 성대의 음정 흐름에 따 라오는 힘과, 발음을 위한 구강의 힘이 서로 충돌하지 않고 조율될 수 있도록, 호흡을 중심으로 안정된 균형 구조를 만들어야 한다. 이 처럼 소리와 말, 에너지와 움직임이 유기적으로 교류될 때 비로소 노래는 말과 소리의 유려한 흐름으로 완성될 수 있다.

11. 노래와 입

노래할 때 입은 목소리를 세상 밖으로 내보내는 관문이 된다. 입 의 움직임은 단순히 발음을 만들기 위한 기능적 역할을 넘어, 그 모 양과 리듬, 열림과 닫힘의 조절에 따라 밝은 목소리, 어두운 목소리, 슬픈 목소리, 우울한 목소리 등 다양한 감정의 색채를 담아낼 수 있 게 된다. 노래의 감정은 결국 입의 모양을 타고 나오는 것이며, 입 은 그 감정들을 형상화하고 조형하는 가장 앞선 표현의 무대라 할 수 있다.

입 모양과 형태

사람의 입 모양은 각기 다르며, 턱의 구성과 함께 얼굴의 생김새 전체가 소리의 통로를 규정짓는 구조적 전제가 된다. 이러한 구조는 개인의 고유한 특징이자 개성이지만, 노래를 부르는 데 있어서는 유리한 모양도 있고, 불리한 모양도 있게 된다.

턱의 형태와 입 모양은 음정의 울림과 발음의 정확도에도 직접적인 영향을 미치며, 특히 고음과 약음 그리고 감정 전달과 같은 영역에서 입 안팎의 미세한 차이는 전체 분위기를 바꿔 놓을 수 있다.

따라서 만약 노래를 잘하고 싶고, 전문적인 가수를 목표로 하고 있다면, 타고난 구조를 탓하기보다 노래에 적합한 입의 모양과 형태를 인위적으로라도 조율해 갈 수 있어야 한다.

노래 부르기에 유리한 입 모양

노래는 입의 움직임을 통해 모든 발음을 만들어 내므로, 입 모양과 구조는 곧 노래의 질감을 결정하는 중요한 요소가 된다. 특히 다음과 같은 입 모양은 노래 부르기에 유리한 조건으로 작용한다.

(1) 입 모양이 크고, 말할 때 위아래 이가 살짝 보이는 경우

입이 옆으로 길게 열린 형태일수록 턱관절이 자연스럽게 열리기 쉬우며, 그만큼 입안의 공간이 안정되고 편안하게 자리 잡게 되어 음정과 발음의 어려움이 줄어들고 목소리는 시원하고 밝게 나올 수 있다.

(2) 웃는 입 모양, 가지런한 치아 정렬

평소 잘 웃거나, 웃을 때 위아래 치아가 가지런히 보이는 사람은 노래할 때 턱관절이 쉽게 열리고, 입안 공간(호間)이 아래로 꺼질 염려가 적어, 밝고 명쾌한 목소리를 내기에 유리하다.

이는 결국 노래할 때 입꼬리의 각도, 치열의 노출, 턱의 개방 위치까지 모두가 입안의 조형을 밝고 열린 공간으로 유지할 수 있게 해 준다.

(3) 아래턱이 쉽게 열리고, 위아래 이가 잘 보이는 경우

아래턱이 쉽게 움직인다는 건 턱관절의 유연성이 좋다는 증거이며, 그럴수록 발음을 만드는 동작이 자연스럽고, 미숙함이 적어진다. 또한 입을 벌렸을 때 위아래 치아가 잘 보일수록, 성대에서 나온 소리가 입안의 막힘 없이 외부로 잘 빠져나와 목소리 양이 풍부해지고, 시원하고 명쾌한 인상을 만든다.

노래 부르기에 불리한 입 모양

노래를 부를 때 입 모양이나 구강 구조는 발음의 선명도와 음정의

　　　　1부 • 몸의 이해

표현력에 실질적인 영향을 준다. 특히 아래와 같은 경우, 발성과 표현에 불리함이 생길 수 있다.

(1) 입이 작거나 위아래 이가 입술에 가려 잘 보이지 않을 때

입 모양이 작으면 아래턱 사용이 불편해져 말과 노래의 발음 선명도가 떨어진다. 아래턱 움직임은 음정의 조율과 발음의 정확도 모두에 영향을 주며, 턱 사용의 제약은 곧 성대 사용의 불균형, 고음 처리의 어려움, 발음의 어색함으로 이어질 수 있다.

인위적으로라도 입꼬리를 좌우로 넓게 웃는 듯 벌리며 위아래 치아가 보이게 유지하고, 그 상태에서 위아래로 부드럽게 턱을 움직이는 연습을 습관화하면 입 모양을 노래에 적합하게 조정해 갈 수 있다.

(2) 아래턱과 이가 윗니 안으로 깊게 들어가 있는 경우

아래턱이 앞으로 열리지 않는 구조일 경우, 말소리도 명확하지 않고 노래 부를 때 입의 움직임이 제한되며 발음이 더욱 어색해진다. 특히 치열(이의 배열)이 위쪽으로 덮이는 정도가 심할수록 공명이 방해되거나 소리 흐름에 제한이 생기기 쉽다.

자신의 구강 구조를 인식하고, 입 모양과 열림 방식을 스스로 조정하는 연습을 반복함으로써 구조적 불리함을 보완해 갈 수 있다.

구조보다 중요한 건 태도와 연습이다. 입 모양이나 구강 형태에 따른 유불리는 피할 수 없는 조건이지만, 놀랍게도 노래에 불리한 구조를 가진 이들이 오히려 더 열정적이고 끈질기게 노력해 자신의 길을 열어 가는 경우가 많다.

반대로, 유리한 조건을 가진 사람들일수록 노래에 큰 관심이 없거나 훈련을 소홀히 하는 경우도 많다. 결국 조건보다 중요한 것은 몸의 구조를 의식하고 극복하려는 태도와 지속적인 훈련이다.

입의 양쪽 끝 가장자리

노래할 때 입의 양끝 가장자리는 작지만 결정적인 역할을 한다. 특히 선천적으로 입이 크지 않은 사람일수록, 입 모양을 어색하게 느껴질 정도로 옆으로 크게 벌려 주는 연습이 필요하다. 이렇게 웃는 듯한 입꼬리의 상승과 위아래 치아 노출을 확보하면 노래할 때 다음과 같은 두 가지 주요 효과를 얻을 수 있다:

(1) 발음의 섬세함 & 성대 안정 효과

입의 개폐가 원활해지고 발음이 자연스럽게 이어지며 묻히거나 어색한 발음이 줄어든다.

발음 시 성대가 꺼지는 현상(음정이 아래로 처지는 듯한 느낌)도 완화된다. 특히 입의 양끝 2~3% 정도의 활용은 고음용 스피커에서 고역을 선명하게 뚫어 주는 출력처럼, 노래의 선명도와 발음의 고해상도를 높여 준다.

(2) 밝고 맑은 소리 구현 & 혀의 안정

입을 옆으로 잘 열어 줄수록 성대의 울림이 맑고 밝아지며, 목소리의 노출이 원활해진다. 동시에 혀가 아래로 처지거나 꺼지는 현상도 예방되며, 고음을 내는 것도 더 수월하고 편안하게 바뀐다.

입의 속도

노래를 부를 때 입은 반드시 움직이며, 그 움직임은 단순한 열림과 닫힘을 넘어 속도, 힘, 방향성에 따라 목소리의 흐름과 말의 우아함 그리고 음정의 안정성에 영향을 미치게 된다. 입의 속도가 빠를수록 발음이 급해지고, 목소리의 흐름이 단절될 수 있다. 특히 성대에 이미 에너지가 실려 있는 상태에서 입까지 힘과 속도가 동시에 실리면 발음은 무거워지고, 입안의 공간은 경직되며, 소리의 우아함이나 아름다움은 줄어들게 된다.

초보자일수록 입의 힘과 속도가 과도해진다. 연습 초기에는 대부분 힘 있는 연습, 고통스러운 발성에 만족감을 느끼기 쉽다. 하지만 발성의 본질은 '많이 쓰는 것'이 아니라 '적절히 조율된 미세한 조절력'에 있다. 입은 최소의 힘으로 말하듯 부드럽게 움직이며, 성대는 고정된 자세 위에서 흔들림 없이 울릴 수 있어야 한다.

연습의 목표는 '가장 많은 힘을, 가장 적게 쓰며' 몸은 전체적으로 온전한 자세와 호흡 중심의 힘을 유지하되, 실제 입과 성대의 행위는 마치 말하듯, 최저의 힘으로 자연스럽게 이어져야 한다.

이렇게 될 때 비로소 성대는 뇌가 원하는 음정대로 움직일 수 있고 구강(입, 혀, 성구, 비음)은 최소의 힘으로 최대의 효과를 내는 발음 구조로 자리 잡게 된다.

몸의 완전한 힘이란 호흡 기반의 바른 몸 자세 위에서 성대와 구강에 필요한 만큼만 힘을 쓰는 상태를 말하며, 완전한 행위란 자신의 뇌가 '어떻게 써야 하는지'를 정확히 알고, 그 판단을 바탕으로 무리 없이 효율적인 사용을 구현하는 상태를 말한다.

입의 힘

노래하는 사람은 자신이 입을 어떻게 움직이며, 어떤 힘으로 발음을 내고 있는지 정확히 알기 어렵다.

그 결과는 귀로 들리는 노래의 인상으로만 느낄 수 있으며, 그 원인조차 스스로 파악하기 어렵다.

성대에서 목소리가 울리고 있는데, 입이 힘을 통해 '발음'을 구성하려 한다면 어떤 일이 벌어질까?

① 힘이 들어가 있는 만큼 움직임이 급하게 되고
② 힘이 들어가 있는 만큼 목소리와 발음의 파장이 일어나며
③ 힘이 들어가 있는 만큼 다음 움직임의 어려움으로 이어지고
④ 혀와 입술이 부딪히는 발음에서는 음정까지 흔들리게 된다.

대부분 이런 현상들은 잘 부르고 싶다는 욕심, 발음을 확실히 하겠다는 과잉 집중에서 비롯된다.

(1) 목소리는 '신체 압의 질'로 결정된다

사람마다 고유한 목소리는 자신의 신체 에너지(압)로 성대를 울리고 성구, 혀, 비음의 움직임을 거쳐 입 밖으로 전달된다. 이때 결과에 영향을 주는 3가지 요소는 다음과 같다:

- 신체 에너지의 질(예: 경유 vs. 고급 휘발유처럼, 같은 에너지라도 질이 달라질 수 있다)
- 입안 공간의 형태(턱의 개폐 범위, 얼굴 형태에 따라 달라지는 소리 톤)
- 말소리를 구성하는 구강 구성 요소들의 조화(성구, 혀, 비음, 입 모양 등)

따라서 노래 연습은 곧 좋은 에너지와 좋은 조형의 기억을 만드는 과정이라 할 수 있다.

(2) 성대의 울림은 입안의 행위에 따라 바뀐다

같은 성대 음정이라도, 입 안의 구조적 상태(혀, 턱, 입술, 입 공간)에 따라 소리의 질감, 밝기, 파워감, 울림이 달라질 수 있다. 즉,

발음을 담당하는 입안 구조의 디테일과 유연함이 성대가 만들어낸 소리의 인상을 증폭시키거나 방해한다.

(3) 입의 마지막 조절력이 전체 노래의 인상을 결정한다

목소리는 입이라는 '최종 조형 공간'을 지나며 그 형태와 속도, 부드러움의 수준에 따라 음정과 발음의 전체적인 품격이 결정된다.

발음이 필요한 순간, 입의 힘과 속도가 정확히 조율되지 않으면 목소리는 둔해지고, 발음은 딱딱해지며, 다음 음정으로의 이동도 어려워진다.

(4) "노래한다"는 고정관념에서 벗어나야 한다

대부분의 사람들은 "부른다", "한다", "지른다", "낸다"와 같은 고정관념 속에서 목소리를 밖으로 낸다는 생각을 하며 노래하게 된다.

이러한 고정관념대로 노래하거나 연습하게 되면, 호흡이 몸 부르는 소리를 따라가는 형국이 되어 아무리 노래를 많이 부르고 연습해도 발전이 없게 된다.

(5) 사람이 부르는 노래는 모두 입을 통해 밖으로 나오게 된다

노래는 호흡과 성대를 사용하고, 말과 발음을 사용하는 것이다. 몸의 힘으로 목소리를 만들어 내는 과정이며, 단순히 목소리를 "크게 지른다"는 식의 생각, 즉 무작정 "한다"는 발상에서 벗어나야 한다.

노래를 부를 때 성대를 사용한다기보다, 성대를 제자리에서 벗어나지 않도록 유지하는 것이 가장 중요하다. 몸의 강한 힘이나 구강 행위의 거친 변화 속에서도 성대를 가능한 한 적은 움직임으로 고정시킬 수 있는 능력을 기르는 것이 성대 사용의 핵심 목표이다.

만약 외부 힘에 의해 성대가 흔들리거나 움직이게 되면, 그 변화는 목소리로 즉각 드러난다.

성대가 움직이게 되면 ① 목소리가 커질 수도 있고 ② 작아질 수도 있게 되며 ③ 음정이 내려가거나 올라갈 수도 있게 된다.

12. 혀

발음을 하기 위한 혀의 움직임은 입안의 여러 위치를 오가며 구강 행위와 함께 발음을 완성하기 위한 활발한 역할을 한다. 혀는 부드러움의 상징처럼 여겨져 노래에서 가볍게 취급되기 쉽지만, 실제로는 발음을 위해 입안의 여러 위치를 바꾸며 가장 많은 움직임을 담당하는 조직이다.

발음을 완성하기 위한 혀의 움직임은 입안의 ① 어느 위치에 ② 어떤 양으로 ③ 어떤 자세로 ④ 어떤 힘으로 움직이는가에 따라 노래 발음의 질이 달라지게 된다.

또한 혀는 발음을 완성하기 위해 입안의 특정 위치에 닿았다가 떨어지는 동작을 반복하게 되며, 목소리와 함께 움직일 때는 혀가 목소리를 한 번, 두 번 건드리거나 치는 듯한 작용이 일어난다.

노래를 부르는 행위는 말과 달리 몸의 에너지(힘)로 성대와 구강을 동시에 작동시키게 되므로, 사용되는 신체의 힘이 강할 경우 그 힘은 턱, 입, 혀에도 고스란히 전달된다. 이로 인해 구강 행위 전체가 거칠어지고, 혀의 움직임 또한 경직된 상태로 작동하게 되어 결국 성대에서 울려 나온 목소리를 거친 말소리로 왜곡해 전달하게 된다.

이러한 신체 조건을 종합해 볼 때, 결론은 다음과 같다:

훈련과 연습을 통해 신체 에너지는 강하지만 부드럽게 조절될 수 있어야 하며, 구강 행위, 특히 혀의 사용은 말할 때보다 더 유연하게 이뤄져야 한다. 이럴 때 비로소 감미롭고 수준 높은 노래를 만들어 낼 수 있게 된다.

구강과 혀

노래할 때 나타나는 혀의 움직임과 상태는 그 사람의 신체와 구강 상태의 현재를 드러내는 지표라 할 수 있다. 턱 관절이 무겁고 유연성이 떨어지거나, 상체 특히 가슴과 어깨 그리고 목덜미 등의 경직이 심할수록 구강 행위에 불편함이 생기기 쉬우며, 이러한 신체 상태는 보통 장기간 신경을 많이 쓰거나 뇌 활동이 많은 사람들에게서 자주 나타나는 현상이다.

특히 어깨와 목덜미 부위에 근육이 뭉치거나 굳어 있는 경우, 노래할 때 성대와 구강을 사용하려는 힘이 먼저 어깨와 목덜미로 몰리게 되며, 그 결과 구강 행위와 발음이 자연스럽게 이뤄지기 어려운 조건이 된다.

이러한 신체 상태는 일상적인 말하기처럼 힘을 빼고 있을 때는 별다른 문제가 없지만, 노래처럼 성대와 구강이 운동 상태로 전환될 때는 그 행위의 범위가 커지고, 성대와 구강에 실리는 힘의 영향으로 혀에도 불필요한 긴장이 생기고, 그 결과 노래 발음이 거칠어지는 현상으로 이어지게 된다.

바르지 않은 혀의 자세

(1) 입을 크게 벌리면 혀가 입안으로 말려들어가는 경우

드물지만, 입을 벌렸을 때 혀가 안쪽으로 말려 들어가는 현상이 있을 수 있다. 입안에서 혀가 편하지 않은 상태는 그만큼 노래 발성을 위한 구강 상태가 불편하다는 신호이다. 노래에서의 구강 행위는 발음이라는 '노래의 꽃'을 구사해 내는 중심이므로 턱, 입, 혀가 조화롭게 작동해야 한다. 이 중 어느 하나라도 불편함이 있으면 발음의 균형은 기대하기 어렵다. 따라서 노래하는 사람은 호흡으로 상체의 힘을 수시로 풀어주고 턱, 입, 혀를 자주 움직여 주는 연습을 습관화해야 한다.

(2) 입을 크게 벌렸을 때 혀 뿌리(안쪽)가 깊고 길게 파이는 경우

턱 관절과 혀의 자세와 형태는 그 사람의 현재 구강 상태를 그대로 반영한다. 이때의 구강 상태란, 노래를 위해 턱-입-혀가 물 흐르듯 조화롭게 연결되어 성대와 유연한 균형을 이뤄야 함을 의미한다. 하지만 구강 행위 중 어느 하나라도 자세가 무너지거나 힘의 균형을 잃게 되면 구강의 밸런스가 깨지고, 발음에서 오류가 발생하게 된다.

혀 뿌리가 깊고 길게 파이는 현상은 턱 관절과 목덜미 근육의 경직이 심한 경우 잘 나타나며, 노래 중 음정이 일정 이상 올라가면 경직된 힘이 성대에 전달되어 성대가 열리는 현상으로 이어지고, 그 결과 음정 형성이 어려워지는 문제가 발생하게 된다.

또한 입을 벌렸을 때 혀가 아래턱 아래로 처지면 입안 공간이 과도하게 넓어지게 되므로, 혀 뿌리(안쪽)를 살짝 위로 들어 올려 공간을 적절히 좁혀 주는 것이 좋다.

이렇게 하면 고음 발성도 쉬워지고, 호흡 낭비도 줄어든다.

(3) 입을 크게 벌렸을 때 혀가 미세하게 떨리는 경우

이러한 혀의 떨림은 대부분 구강의 경직 상태에서 비롯된 현상이다. 이를 해소하기 위해서는 턱 관절을 위·아래·좌·우로 자주 움직이며 유연성을 높여야 하며, 초기에는 턱이 "우드득 우드득" 소리를 내거나 불편함이 있더라도 꾸준한 턱 운동을 통해 경직을 풀어 주면 소리도 사라지고, 턱을 부드럽게 사용할 수 있게 된다.

(4) 입을 크게 벌렸을 때 혀의 좌, 우 형태가 바르지 않은 경우

혀의 좌우가 비대칭이라면 이는 노래에서 약간 불리한 조건이 될 수 있다. 하지만 입 안으로 혀가 말려 들어가는 경우나 혀 뿌리가 깊게 파이는 것보다는 비교적 양호한 상태이다.

따라서 여전히 상체의 긴장을 풀어 주는 호흡 연습과, 턱의 유연성을 높이는 구강 운동을 꾸준히 병행해 나가는 것이 중요하다.

정상적 혀의 자세

입을 크게 벌렸을 때 혀끝이 아랫니에 닿고, 혀 뿌리(혀 안쪽)는 살짝만 파인 상태에서 혀 전체가 약간 타원형을 이루며 미동 없이 편안하게 유지되는 자세가 이상적이다.

이러한 혀의 자세에서는 노래의 음정이 귀로 들리는 대로 쉽게 형성되며, 발음 역시 무리 없이 자연스럽게 구사할 수 있다.

이처럼 안정된 혀의 조건은 노래를 시작하는 데 있어 접근을 수월하게 만드는 유리한 요인이 되지만, 그렇다고 해서 곧바로 노래를 잘할 수 있다는 것을 뜻하지는 않는다.

왜냐하면 사람의 신체는 유리한 조건이든 불리한 조건이든 관계없이 노래를 위한 근육과 자세를 부위별로 새롭게 만들어 가야 하기 때문이다.

결국, 어떤 마음가짐으로 어떤 자세와 행위로, 얼마의 시간을 두고 어떻게 노력하는가에 따라 신체는 새롭게 조율되며, 그 몸의 상태만큼 행위도 편안하고 쉬워지게 된다.

(2부)

노래의 이해

1장

노래의 4대 요소

1. 노래의 4대 요소(1) - 목소리

노래의 목소리는 지르는 것이 아니라 울리는 것이다.

목소리란 무엇인가?

목소리는 사람의 신체 중 목에 자리한, 소리를 낼 수 있는 하나의 조직이며 신체 구조, 구강 형태, 성대의 모양에 따라 각자가 가진 고유한 목소리의 톤, 색깔, 말의 억양까지 모두 다르게 표현된다.

이처럼 목소리는 세상에 단 하나뿐인, 오직 자신만의 소리이다.

목소리와 음악

사람의 목소리는 각기 다르게 태어난 독특한 음색을 가진 악기로, 이를 통해 언어와 감정, 음악적 연주까지 가능한 신체 악기이다.

노래와 목소리

노래란 곧 사람의 목소리인 성대를 악기화해 음악으로 연주하는 행위이다. 거기에 언어가 함께 동반될 수 있는 유일한 인간의 표현 도구가 바로 노래이다.

사람의 노래 목소리는 왜 울려야 하는가?

성대에서 울리는 목소리를 통해 사람은 자신의 감정과 상태, 삶의 상황까지 말과 소리로 표현할 수 있다. 기쁨, 슬픔, 우울함, 밝음, 분노 등 모든 감정이 목소리를 통해 세상과 연결되는 창구가 된다.

노래는 삶을 울리는 문이다.

사람의 현실은 언제나 목소리와 말로 서로를 통하게 되는 삶의 구조이며, 자신만의 고유한 목소리로 노래라는 음악을 표현할 수 있을 때, 그 노래는 아름다움, 성스러움, 기쁨, 즐거움, 편안함, 행복 등 다양한 감정과 감각을 귀를 통해 마음으로 전달할 수 있는 평화의 예술이 된다.

사람의 노래 목소리가 부드럽고, 시원하고, 힘 있고, 맑고, 따뜻하며 자연미를 가질 때 그것은 듣기 좋은 목소리의 노래가 된다. 이러한 목소리는 몸과 성대, 자세와 근육이 하나로 조화된 통일된 상태에서 울려 나온다.

목소리를 세게 지르게 될 때

목소리가 세지거나 강하게 지르게 되는 상황은 보통 다음과 같다:

- 몸의 에너지가 성대에 과도하게 집중될 때

- 상체 근육이 굳고 이완되지 못할 때

- 뇌가 성대에 에너지를 급하고 강하게 보내는 판단을 내릴 때

울림 있는 목소리

노래를 부를 때는 무엇보다 '듣기 좋은 목소리'가 우선되어야 한다.
이런 목소리는 몸의 유연함에서 시작되며, 연습은 항상 몸을 이완시켜 호흡과 수축이 조화를 이루는 방식으로 진행되어야 한다. 성대와 몸이 음정의 흐름 안에서 하나가 될 때, 목소리를 억지 힘 없이, 몸과 함께 울리는 방식으로 표현할 수 있게 된다.

'목소리를 울린다.'는 것은 노래의 음정과 발음을 하나하나 힘으로 밀어붙이는 것이 아니라, 호흡과 몸의 힘 그리고 음정과 발음이 하나의 방향으로 조화롭게 작동해 자연스럽게 소리가 퍼져 나가는 상태를 말한다.

목소리의 떨림(Vibration)

리듬악기를 제외한 음악으로 사용되는 악기들은 그 악기만의 독창적 울림과 떨림이 있다.

　　　　　　　　2부 • 노래의 이해

소리의 떨림이란, 어떤 소리가 일정량 울리며 나올 때 직선이 아니라 굴곡진 형태로 퍼져 나오는 현상을 말한다. 즉, 흔들리며 나오는 소리이다.

● **음악으로 진행되는 소리에 떨림이 있는 경우와 없는 경우**

① 떨림이 없는 경우: 잘하고 못하고의 편차가 적어지며, 여유로움이 적어지고, 초보로 느껴지며, 기술·기교·감정의 효과를 낼 수 없게 된다.

② 떨림이 있는 경우: 여유롭게 들리며, 잘하는 것처럼 느낄 수 있게 되며, 개성이 발휘되고, 기술·기교·감정의 효과를 나타낼 수 있다.

● **목소리의 떨림이 어렵거나 잘 안되는 경우**

목소리의 떨림이 어색하거나, 성격상 떨림을 피하려 하거나, 신체적으로 일정 수준 이상의 유연성이 부족해 성대가 인위적으로 떨 수 있는 환경을 만들기 어려운 상태일 수 있다.

(1) 떨림의 현상

음악의 음계에서 가장 짧은 변화는 "반"음정이며 떨림 현상은 "반"

음정 사이의 공간에서 흔들리듯 표현될 수 있다. 이러한 효과는 중
요한 기술적 요소로 간주된다.

(2) 떨림의 형태

① 빠른 떨림 - 떨림이 좁거나 빠르면 불안감을 주게 되고,

② 느린 떨림 - 떨림이 느리면 답답하게 느껴지며,

③ 깊은 떨림 - 떨림이 깊으면 무겁게 느껴지고

④ 얕은 떨림 - 떨림이 얕으면 효과가 적어지며

⑤ 적절한 떨림 - 적절한 떨림은 떨림의 깊이나 속도가 안정되게
　　이어져 나오므로 기교와 감정의 효과를 발휘할 수 있게 된다.

(3) 노래의 목소리 떨림은 어떻게 만들어져 나오는가?

노래의 목소리 떨림은 호흡으로 인한 신체 에너지가 성대를 사용
해 목소리를 낼 때 목소리를 떨어 주겠다는 생각만으로 성대는 떨
림을 만들어 낼 수 있게 된다. 이때 자신의 성대 형태나 상체의 신
체 조건, 턱 구조, 근육의 질, 에너지 상태에 따라 자신만의 고유의
음성과 떨림이 만들어지는데, 누구든 자신의 성대 울림이나 떨림
형태는 인위적으로는 바꾸기 어려우며, 모두 자신만의 개성으로 보
아야 한다.

(4) 목소리의 떨림 형태

사람마다 얼굴형에 따라 턱의 구성이 다르며, 그에 따라 성대의 울림 형태에도 차이가 생긴다. 이로 인해 성대를 사용할 때 넓이, 길이, 모양에 따라 울림 상태나 떨림 형태 역시 신체의 자연스러운 현상으로 나타난다. 따라서 떨림 상태는 개인이 '어떻게 하고 싶다.'는 의지만으로 바꾸기 어렵다. 인위적으로 떨림을 없앨 수는 있으나 떨림의 형태 자체를 바꾸는 것은 쉽지 않다.

(5) 노래 목소리 떨림 효과와 비중

노래 목소리 떨림 형태의 비중은 목소리와 동일한 비중으로 볼 수 있다. 즉, 목소리에 떨림이 함께 있게 되면, 떨림 또한 목소리와 함께 존재하게 된다.

노래의 이 두 축 중 어느 하나라도 미숙하게 전달되면 목소리와 떨림 모두 부족하게 전달된다.

노래의 이 두 가지 완성도는 근본적으로,

① 호흡 관리를 통한 성대와 신체의 유연한 에너지(힘) 운용 능력

② 발음을 구사하는 데 필요한 구강 관리의 안정된 신체 능력과 자세

③ 신체를 조절할 수 있는 뇌의 지식과 판단력에 기반해 노래에 필요한 신체 부위들을 뇌가 원하는 대로 활용함으로써 목소리

울림과 떨림음을 가장 안정되고 아름답게 표현할 수 있는 몸의 완성도에 따라 결정된다고 본다.

2. 노래의 4대 요소(2) - 호흡

호흡의 힘으로 성대를 사용하지 않는다

노래를 부르기 위해서는 숨을 들이쉬고, 소리를 내고, 쉬어 주고, 다시 노래하고, 이 모든 과정이 노래의 시작부터 끝까지 계속 반복된다. 이러한 행위는 대부분 호흡의 힘으로 노래하게 된다고 여기기 쉬우며, 폐활량의 크기에 따라 노래를 부르게 된다는 인식도 흔히 존재한다. 물론 모든 운동과 마찬가지로, 노래에서도 호흡은 매우 중요한 요소이기 때문에 각 개인은 이에 대해 깊이 있는 이해와 지식을 갖는 것이 필요하다.

또한 호흡은 겉으로 드러나는 것이 아니며, 연습량이나 몸 상태, 뇌의 생각과 마음가짐에 따라 달라지게 된다. 따라서 연습 중 어려움이 느껴질 때는 호흡의 문제를 먼저 점검해 보는 것이 현명한 방법이 될 수 있다.

호흡이 성대와 구강에 힘으로 사용될 때 생기는 문제

(1) 음정과 발음이 어려워진다

호흡을 깊게 들이쉬고 그것으로 성대를 사용하게 되면, 몸과 성대, 구강 전체가 경직되며 결과적으로 음정 구사가 어려워지고, 노래가 음악보다 늦어지거나 밀리는 현상이 발생하게 된다.

(2) 호흡이 쉽게 빠져나간다

상체에 힘이 들어가면, 노래 중 성대와 구강이 압박되며 성대가 쉽게 열려 버리는 상태가 되어 결국 호흡이 빠르게 빠져나가게 된다.

(3) 음정이 '샾'으로 올라가는 현상이 생긴다

호흡에 의한 상체 힘이 성대에 전달되면, 몸의 자세 변화나 아주 작은 흔들림에도 성대의 방향이 위로 향하게 되어 음정이 지나치게 올라갈 수 있다.

(4) 호흡 후 첫 음정에 과도한 힘이 실리게 된다

상체에 과한 힘이 들어간 상태에서 호흡 후 첫 음정을 낼 때 성대에 압이 크게 전달되며, 첫 소리가 두껍고 무겁게 시작되면 이어지는 음정도 같은 양의 힘으로 전달되어 전체적으로 미숙하고 과중한 인상을 주는 노래가 된다.

(5) 고음 내기가 어려워진다

상체의 힘이 많아질수록 성대는 압박을 받게 되고, 그 결과 성대의 유연성이 떨어져 고음 발성이 어려워진다.

(6) 목소리가 쉽게 쉬게 된다

상체에 많은 힘이 실리면 목소리는 강하고 센 소리로 나오게 된다. 특히 목소리가 굵거나 성대가 약한 사람일수록 목에 통증을 느끼거나, 목소리가 탁하게 변질되고 결국 목이 쉬어 병원을 찾게 되는 상황으로 이어질 수 있다.

바른 호흡

노래는 한 번의 호흡으로 일정량의 음정과 발음을 이어 가며, 또 다른 한 번의 호흡으로 다시 다음 구간을 이어 가는 반복적 구조로 이루어진다. 이 과정에서 달라지는 점이 있다면, 힘을 많이 사용하는 고음, 적당히 사용하는 중음, 적게 사용하는 저음 등 각 구간마다 필요한 호흡의 양과 방식이 달라진다는 점이다.

즉, "끊어 주고(호흡) → 이어 가고(노래) → 끊어 주고(호흡) → 이어 가고(노래)" 이 순환이 지속되며, 그중 "끊어 주는 호흡"은 다음 소절의 음정과 발음을 준비하는 시간이 된다. 이 "끊어 주는 호흡"의 방식은 매번 다르게 준비되어야 하며, 이는 다음 소절에 요구되는 음정의 높낮이, 발음의 흐름, 사용하는 힘과 필요한 신체 자세

　　　　　　　　2부 • 노래의 이해

에 따라 자연스럽게 호흡 준비의 형태도 달라질 수밖에 없기 때문
이다.

(1) 호흡으로 상체를 풀어 주며 노래할 때 힘의 균형을 잡는다

노래에서 올바른 성대 사용이란, 성대에 힘이 쏠리는 현상을 차
단하고 성대, 목, 가슴, 명치, 배 등 음정을 만들어 내는 모든 부위의
힘을 동일한 조건과 균형으로 분산시켜 주는 것을 의미한다.

즉, 성대가 음정을 만들 수 있도록 하려면 몸이 먼저 그 조건을 만
들어 줘야 한다.

성대가 음정을 안정적으로 만들기 위한 조건이란, 성대를 언제나
제 위치에 밀착시켜 유지하고, 상체의 모든 부위가 성대를 고정해
주는 지지대 역할을 하며, 몸이 움직일 때조차 뇌가 원하는 음정과
발음 행위를 자세와 중심의 균형으로 자연스럽게 이끌어 내는 상태
를 말한다. 이때 음정과 발음은 억지로 밀어붙이지 않아도 몸 안에
서 유연하고 자연스럽게 형성되어 흐르게 된다.

(2) 호흡으로 성대와 구강의 행위 균형을 잡아 준다

노래를 부르게 되면, 뇌는 성대와 구강의 사용에 집중하게 되며,
이로 인해 음정과 발음을 만들어내는 힘의 편차가 여러 형태로 나
타나게 된다. 그 결과, 뇌의 의도대로만 성대와 구강을 움직이게 되
면 행위 간 균형이 무너지고, 음정과 발음이 불규칙해지는 현상이

생길 수 있다.

이런 불균형을 줄이기 위해서는 호흡의 중심을 신체 아래쪽, 즉 단전과 허리 부위에 자리 잡게 해, 음정과 발음에서 요구되는 힘의 크기를 일정하게 유지하도록 조율해야 한다.

진행 중 순간적으로 힘이 더 필요할 때는 단전과 허리 쪽에서 에너지를 강하게 밀어 올리고, 배와 명치 위 부위는 항상 아래쪽으로 눌러 주는 자세를 유지해야 한다.

이러한 조율을 통해 성대와 구강의 움직임이 뇌의 의도에 휘둘리지 않고, 몸 전체의 중심과 호흡 기반 위에서 균형을 유지하며 진행할 수 있게 된다.

(3) 호흡은 언제나 몸과 함께 한다

호흡이란 무엇을 어떻게 하기 위한 목적으로 사용되는 것이 아니라, 몸이 어떻게 쓰일 수 있도록 협조해 주는 역할로 존재해야 한다. 사람이 노래할 수 있는 것도 몸이 있기 때문에 가능하며, 호흡 또한 몸이 있기에 그 기능을 할 수 있다.

즉, 호흡은 언제나 몸과 함께 있어야 하며, 이를 통해 사람의 뇌는 몸만으로는 도달할 수 없는 한계를 호흡을 통해 확장하고 실현할 수 있게 된다.

(4) 호흡은 성대와 몸이 하나가 되도록 한다

노래할 때의 호흡은, 몸의 힘이 어느 한 부위에만 머물지 않도록 적절히 분산시켜, 몸 전체를 하나의 통일된 에너지로 연결해 주는 역할을 하게 된다. 신체는 본래, 사용하고자 하는 목적에 따라 힘이 특정 부위로 쏠리는 경향이 있으며, 이러한 현상은 오히려 정밀한 기술적 움직임을 어렵게 만들 수 있다.

그러나 호흡을 바르게 사용하면, 몸의 자세를 통해 호흡이 균형을 조절하는 중심축이 되어 뇌가 원하는 행위들을 몸 전체가 조화롭게 수행할 수 있도록 도와준다.

(5) 몸이 호흡이며 호흡이 몸이다

호흡은 언제나 몸과 함께 작동한다. 숨을 들이쉴 때든, 내쉴 때든 몸은 항상 호흡의 흐름에 따라 움직이고 있으며, 그 움직임은 곧 노래할 때의 기본 자세와 직결된다.

노래를 부를 때도 숨이 나가는 자세 그대로 몸과 호흡을 안정되게 유지하는 것이 핵심이며, 음정이 올라갈 때는 발음에 따라 요구되는 구강 형태를 무너지지 않도록 유지해야 한다.

이때, 음정이 위로 올라가는 방향만큼 아래쪽에서 받쳐 주는 더 강한 하중과 균형의 힘이 함께 작동하게 되면 몸의 중심 축이 형성된다.

결국 호흡은 몸을 지지하고, 몸과 호흡은 하나 되어 함께 움직이는 말하기의 몸으로 전환된다. 이런 상태가 되었을 때, 호흡은 더 이상 성대에 직접적인 힘을 가하지 않아도, 간결하고 우아함을 지닌, 수준 높은 노래를 가능하게 해 준다.

3. 노래의 4대 요소(3) - 음정

노래의 음정과 발음은 하나의 행위로 본다.

모든 악기는 고유의 명칭을 가지고 있으며, 음정으로 음악을 연주한다.

사람의 목소리 또한 음정과 발음을 통해 음악을 표현하는 악기이다.

사람의 목소리는 모두 위대한 소리이다.

- 사람의 목소리는 같은 소리가 하나도 없다.
- 말할 때의 억양, 색깔, 발성 방식 모두 각자 다르게 표현된다.
- 같은 노래라 해도, 다른 목소리와 말의 느낌으로 전혀 다른 노래처럼 들릴 수 있다.
- 목소리와 발음(말)을 동시에 구사할 수 있는 존재는 인간뿐이다.

우리는 음정과 발음을 '분리된 것'으로 배워왔다.

노래에서 음정과 발음은 분리될 수 없다.

그럼에도 불구하고 우리는 이 둘을 분리해 인식하고, 그렇게 교육받아 왔다.

음정과 발음을 분리해 연습하게 되면 다음과 같은 문제가 생긴다:

- 음정을 고치려 하면 → 발음이 소홀해지고
- 발음을 고치려 하면 → 음정이 흐려지고
- 음정에 문제가 생기면 → 결국 발음도 흐트러져 있고
- 발음이 불안하면 → 음정 역시 불안정해진다.

즉, 음정과 발음은 처음부터 분리할 수 없는 한 몸의 행위라는 것이다.

● **음정과 발음을 하나로 만들어내는 두 가지 접근**

① 귀와 뇌가 중심이 되는 접근

노래의 음정과 발음을 귀로 듣고, 뇌가 아는 방식대로 몸이 따라 부르게 하는 방법이다.

이 방식은 일반적인 노래 학습에서 널리 쓰이며, 노래를 배우거나 부르기에는 편하지만, 결국 뇌가 흉내 내듯 몸을 따라하게 되므로 일정 수준 이상의 발전에는 한계가 생긴다.

② 몸의 자세를 통해 음정과 발음을 조율하는 방법

노래할 때 몸의 자세로 음정과 발음을 직접 구성해 내는 방식이다.

몸은 성대와 성구를 그 자리에 고정해 주고 음정 흐름에 따라 몸의 자세는 그 반대 방향으로 균형을 맞춰 준다.

- 고음: 성구를 좁게
- 중음: 성구를 적당히
- 저음: 성구를 넓게 설정해 준다.

이렇게 하면 성대와 성구는 흔들림 없이 고정된 상태에서 목소리를 안정적으로 내게 되고, 발음도 함께 일정한 조형으로 진행되며 전체적으로 안정된 노래가 가능해진다.

요약하자면 몸이 직접 움직이며, 성대와 구강이 스스로 노래를 부르게 되는 상태가 음정과 발음을 하나로 만드는 '바른 방식'이다.

성대는 성대가 있는 그 위치에서 흔들림이 없게 해야 하며 상체 전체가 성대와의 힘을 일정하게 유지시킨다. 음정이 상승해 힘이 필요하게 되면, 신체 아래 부위(단전)로 힘을 강하게 밀어주며 성대는 상체를 의지할 수 있게 만든다. 음정이 내려갈 경우 몸의 힘을 적게 사용하며 성대를 흔들리지 않게 상체의 힘으로 조율하게 되면 성대는 몸의 전체 힘에 의해 음정과 발음을 만들 수 있게 되므로 힘 있는 소리와 완전한 음정과 발음으로 노래를 부를 수 있게 된다.

● **몸의 자세로 음정과 발음을 만들 경우의 원칙**

① 호흡을 할 때 명치나 배 부분에 머물지 않도록 한다.

② 호흡은 상체에서 가장 아래 부위인 '단전'에 자리하게 한다.

③ 노래할 때는 배나 명치의 힘을 사용하지 않는다.

④ 배와 명치는 아래로 내려갈 수는 있으나, 위로 올라오지 않도록 한다.

⑤ 노래할 때는 배와 명치를 '비운 상태'로 유지해야 한다.

⑥ 호흡은 항상 하단(단전)에 머물게 하고, 나머지 상체는 힘을 뺀 통일된 구조로 유지한다. 이 상태를 유지하면 몸에서 강한 힘을 사용할 수 있음에도 상체는 고정되고 힘이 빠진 상태로 남게 되어, 성대는 상체의 강한 힘을 통해 충분히 작동하면서도, 구강은 가장 힘이 빠진 유연한 상태로 발음을 수행할 수 있게 된다.

노래는 목소리(음정)와 노랫말(발음)이 전부이다.

노래를 구성하는 핵심은 목소리(음정)와 노랫말(발음)이며, 이 두 요소가 함께 어우러질 때 비로소 완전한 노래가 된다. 그중에서도 우선 순위를 보자면, 목소리가 먼저이다.

목소리는 귀로 들을 수 있는 확실한 감각으로 전달되지만, 목소리를 제외한 노랫말(구강 행위)은 단지 입술의 움직임만 남게 되며 소리 없는 말은 말이 아니게 된다.

이런 점에서 볼 때, 노래란 음악이라는 예술 안에서 목소리를 얼마나 깊고 심오하게 전달할 수 있는가에 그 본질적 목적이 있다.

노래 속 발음은 노랫말의 내용을 통해 듣는 이의 마음을 기쁘게 하고, 행복감에 젖게도 만든다. 노랫말이 노래의 꽃이라면, 그 꽃을 피워 주는 것은 목소리의 아름다움이다.

결국, 목소리의 울림 없이 발음은 의미를 가질 수 없으며, 노래의 진심은 두 요소가 하나 되어 전달될 때 완성된다.

● 목소리와 노래

노래의 목소리와 노랫말은 동시에 이루어지는 하나의 행위이다. 목소리는 노래의 음정을 만들어 내야 하므로, 호흡에 의해 조율된 신체 에너지(계산된 힘)가 음정 흐름에 맞춰 완벽하게 전달될 때, 비로소 자신만의 가장 좋은 목소리로 표현할 수 있게 된다.

노랫말(발음)을 담당하는 구강 행위는 목소리의 음정 변화에 대해 다음과 같은 조건을 충족해야 한다:

① 조금이라도 불편함을 주지 않는 행위여야 하며

② 구강 행위는 언제든지 힘이 개입될 수 있기 때문에, 목소리의 울림을 방해할 수 있는 요소가 된다.

③ 발음이 조금이라도 정렬에서 벗어나면 목소리와 말 모두에 결함이 동일하게 나타나게 된다.

노랫말(발음) 행위의 목적은 목소리의 음정 변화에 맞춰 구강 행위(턱, 입, 혀, 입술)가 완전한 자세와 형태로 대응해 목소리의 음정을 최대한 자연스럽고 완벽하게 표현할 수 있도록 하는 데 있다.

결국, 이 모든 이유는 노래의 음정과 발음을 하나의 통합된(같은) 행위로 보아야 하는 근거가 된다.

4. 노래의 4대 요소(4) - 자세

노래의 음정은 뇌에서만 있고, 음정을 만드는 몸은 '자세'로 구성해야 한다.

음악은 악보로부터 시작되며, 세상의 모든 음악은 악보에 의해 탄생된다.

음색이 다른 다양한 악기들도 악보를 기반으로 아름다운 음악을 연주하며, 여러 악기들이 함께 어우러질 때 화려하고 정교한 합주를 이루게 된다.

대부분의 사람들이 음악을 접하게 될 때 어떤 악기든 악보를 보며 조금씩 배워 가게 되고, 이때 사용되는 악보는 음악의 '법'이라 할 수 있다.

악보를 벗어난 음악은 일반적으로 인정되지 않으며, 악기를 배우는 과정 역시 악보에 따라 진행된다.

악보 안에는 높고 낮은 음의 변화와 길고 짧은 박자 구조 등 여러 형태의 음악적 요소들이 포함되어 있으며, 그 표기대로 연습하고 학습해 나가는 것이 음악의 기본이다.

사람이 부르는 노래 역시 마찬가지로, 어릴 적부터 악기를 배우듯 악보를 보고, 반주에 맞추어, 뇌로 듣고 기억한 대로 노래를 부르며 익히는 것이 자연스럽다고 여겨져 왔다. 그리고 지금도 대부분 그렇게 연습하고 있다.

악기와 노래의 차이

악기는,

- 음정이 발생하는 위치(포지션)가 명확히 정해져 있으므로, 악보에 표기된 대로 손을 움직이고, 이를 실수 없이 정확하게 구현하기 위한 연습을 하게 된다.

- 음정의 포지션이 명확하기 때문에 힘을 써서는 안 된다.

노래는,

- 성대 자체에 음정의 위치(포지션)가 존재하지 않기 때문에, 악
  보를 보며 뇌가 알고 있는 대로 성대를 마치 악기처럼 연습하게
  된다.
- 포지션이 없기 때문에, 몸의 힘을 사용하지 않고는 음정을 만들
  어 낼 수 없다.

다시 말해, 악기와 노래는 '음정을 만드는 방식'이 정반대의 구조
를 갖고 있다.

노래를 '악기처럼' 배우는 것은 큰 오판이다.

노래를 악기처럼 부르게 되면,

① 음정에 따라 성대와 몸이 따라가게 되며, 이때 음정의 오류가
  쉽게 생기고, 목소리의 크고 작음이나 끊김 등 불안정한 변화
  가 발생하게 된다.
② 음정 변화에 따라 힘이 가해지거나 움직임이 바뀌게 되면, 음
  정과 발음의 굴곡이 심해지게 된다.

이러한 악기와 노래의 차이를 이해하지 못한 채 어린 시절부터 악기를 배우듯 노래를 부르고 연습하게 되면서, 사람마다 노래 실력의 편차가 커지고 소리의 통일성과 안정성에서도 큰 차이가 벌어지게 되었다.

사람에 따라 몸 전체를 유연하게 활용할 경우, 노래를 잘 부르게 되고 듣기 좋은 목소리로 이어질 수 있게 된다.

그러나 노래를 악기처럼 정확도를 높이려는 방식으로 음정 하나하나에 집착하며 연습을 반복하면 반복할수록 노래는 더욱 어려워지고, 가수가 되려는 꿈을 품었던 이들이 오히려 큰 어려움을 겪게 되는 결과를 초래하게 된다.

몸으로 하는 모든 운동은 자세와 행위로 결과를 만든다.

사람이 부르는 노래는 운동의 일종에 속하므로 노래의 음정과 발음은 뇌 안에만 존재하며, 실제로 소리와 말을 만들어 내는 몸은 음정의 높고 낮음을 인식하지 않는다. 따라서 노래는 신체의 자세와 행위 안에서 음정을 표현하게 되는 구조이다.

이때, 노래에서 요구되는 몸의 자세는 뇌가 인지하고 있는 음정의 높고 낮음에 대해 '반대 방향의 움직임'으로 대응되어야 노래할 때 몸 전체의 기울어짐을 막고 음정의 흐름에 따라 자세가 무너지는 현상을 방지할 수 있다.

실제로, "음정은 뇌가 만들고, 눈으로 보고, 몸이 따라 한다."는 인식 자체만으로도 몸은 자동적으로 그 방향으로 따라가게 되며, 그

　　　　　　　　　　　　　　　　　2부 · 노래의 이해

렇게 되면 몸의 중심축과 자세는 이미 기울어졌다고 봐야 한다.

성대, 구강 그리고 몸 자세의 연결

노래는 성대와 구강의 행위로 만들어지는 복합적 표현이다. 성대는 소리를 울릴 수는 있지만 음정을 조절할 수는 없으며, 음정은 몸과 구강의 자세를 통해 조율되도록 만들어져야 한다.

예를 들어 휘파람으로 음정을 만들 때를 보면, 입안의 혀와 입술이 공간을 조형하며 압박을 주고 그에 따라 혀가 섬세하게 움직이며 다양한 음정을 만들어 낸다.

또한, 기타 줄이나 피아노 선에서도 알 수 있듯이 낮은음일수록 줄이 굵고 길며, 높은음일수록 줄이 가늘고 짧게 설정되어 악기는 그 물리적 구조 안에서 이미 음정 설계를 갖추고 있다.

노래 역시 마찬가지이다. 낮은 음정일수록 성대를 넓혀 주고, 높은 음정일수록 성대를 좁게 만들어 주는 방식으로 성대와 몸이 함께 작용해 성대를 제자리에서 고정시킨 채, 몸의 자세로 음정을 만들어 내야 한다.

몸의 자세는 성대에서 단전과 허리까지를 하나의 움직이는 기둥이라 보아야 한다. 음정이 올라갈 때는 몸 기둥을 아래 방향으로 눌러 주는 듯한 느낌으로 기울여야 성대를 그 자리에 고정시킨 채 성대의 형태만 좁혀 안정된 고음을 낼 수 있게 된다.

음정이 내려갈 경우에는 그 음정에 맞게 몸 전체를 풀어 주거나 놓아주는 방향으로 가야 하며, 성대는 그 자리에 고정된 채, 조금씩 넓혀 주는 구조로 음정을 내려오게 만들어야 한다.

이렇게 몸과 성대가 함께 작동하되, 각자의 역할을 나눠 가져야 비로소 안정적이고 자유로운 노래가 가능해진다.

몸의 자세

성대는 목의 위치에 고정된 상태에서 몸에 의지해 흔들림 없이 유지되어야 한다.

여기서 '흔들림'이란, 몸의 압박이 불안정하여 성대의 울림이 일정하게 유지되지 못하는 현상을 말한다.

만약 몸의 압박이 힘의 불안정으로 인해 성대가 위쪽으로 들리거나, 명치 부위가 올라오는 형태가 되면, 비록 음정이 귀로 인지되지 않을 만큼 미세하더라도 이미 음정에서 이탈된 상태가 된다.

성대는 항상 목의 위치에 고정된 채, 그 방향을 몸통 쪽인 아래로 정렬해 주어야 한다. 이렇게 유지할 때 음정은 언제나 정확해질 수 있으며, 특히 자세가 위쪽으로 틀어지지 않도록 꾸준한 주의가 필요하다.

즉, 성대가 목에 고정된 채로 몸에 안정적으로 기대고 있을수록, 노래는 뇌가 떠올리는 대로 자연스럽고 정확하게 흘러나오게 된다.

노래 중 입을 크게 벌리거나, 빠른 속도로 발음해야 할 경우에도 단전과 허리의 힘으로 성대를 아래로 당겨 붙잡는 자세가 되어야 한다. 이렇게 해야 구강 사용 중 생기는 힘에 성대가 따라 움직이지 않게 되고 고정된 상태에서 울림만을 담당할 수 있게 된다.

이처럼 노래의 모든 행위는 눈으로 보는 악보나 음표를 뇌가 따라가게 되면, 그에 따라 성대나 몸도 무의식적으로 함께 움직이게 된다. 따라서 노래를 부르는 사람은 눈에 보이는 것과 뇌가 인지하고 있는 것 그리고 단전, 허리, 명치, 성대, 구강, 비음 등 모든 신체 부위를 뇌가 통합적으로 관장해 조율할 수 있도록 해야 한다.

이러한 상태가 되어야 정확하고 안정된 노래, 흔들림 없는 표현력이 가능해진다.

2장

노래 연습과 훈련의 원리

1. 노래 연습이란

사람의 성대로 음악의 음정을 만들고, 구강으로는 동시에 발음을 수행하는 몸의 행위를 뇌가 알고 있거나 귀로 들은 대로 성대와 구강이 함께 목소리와 말로 동시에 움직이는 것, 그것이 바로 '노래를 부른다.' 혹은 '노래 연습을 한다.'는 뜻이 된다.

노래를 부르기 위한 몸의 부분별 역할

(1) 눈, 귀, 뇌

- 눈의 역할: 악보나 노랫말을 시각적으로 인식해 뇌에 정보를 전달한다.
- 귀의 역할: 음악, 목소리, 노래 소리를 들으며 청각 정보로 뇌에 전달한다.

- 눈과 귀: 보거나 듣는 음악의 양이 많을수록 뇌는 더 풍부하게 인지하게 되며 음정, 노랫말, 장단, 박자, 음악적 지식과 감정까지 통합적으로 판단할 수 있게 된다.
- 뇌의 역할: 눈과 귀로부터 정보를 받아 그동안 축적된 지식을 바탕으로 적절한 판단을 내려 몸이 노래할 수 있도록 명령을 내리는 중심 기관이다.

(2) 몸, 호흡, 성대, 구강

- 몸: 뇌의 판단과 명령을 받아 호흡, 성대, 구강을 사용해 노래라는 행위를 직접 수행하는 신체 구조이다.
- 호흡: 성대와 구강을 통해 음정을 만들고 발음을 표현할 수 있도록 몸의 자세를 조율하고, 뇌의 의도에 따라 적절한 힘을 공급해 주는 에너지의 중심이다.

노래의 호흡

① 신체 중 몸통 관리에 최우선 순위를 둔다.
② 노래를 부르기 위한 힘(에너지)으로 직접 사용하지 않는다.
③ 상체의 긴장을 풀어 주며, 몸통과 성대가 하나로 교류할 수 있도록 돕는다.
④ 호흡은 항상 상체의 가장 아래 부위에 머물게 한다.
⑤ 들이쉬는 동작은 짧을수록 유리하다.

⑥ 사용한 몸통 에너지를 원위치로 되돌리는 역할을 한다.

호흡이 멈춘 상태에서의 처리

① 호흡이 멈춘 상태에서 성대부터 단전까지 이어진 상체 전체가 노래 중에 불필요한 흔들림이나 상체를 올렸다 내렸다 하는 움직임이 없어야 한다. 이때 단전과 허리를 중심축으로 음정의 흐름에 따라 움직임은 생기되, 위로 들리는 현상 없이 아래 방향의 흐름만 있도록 한다.

② 호흡이 상체나 성대에 힘으로 개입되지 않도록 지속적으로 아래로 흐르게 유도한다.

③ 성대와 구강에 힘이 개입되는 순간에도, 에너지는 항상 배꼽 아래 단전과 허리 외에는 힘이 머물지 않도록 한다.

④ 몸통과 성대는 항상 동일한 힘으로 유지하며, 성대가 몸통과 목에서 흔들리거나 이탈되지 않도록 몸이 끝까지 붙들어 주어야 한다.

⑤ 성대와 몸통의 힘의 관계는 '낚싯대 구조'처럼 사용되어야 하며, 위로 들려 올라가는 것을 막아야 한다.

⑥ 노래 중 몸통이 경직되지 않도록 세심한 주의가 필요하다.

⑦ 들숨과 날숨이 교차되는 순간에도 날숨과 함께 소리를 내며, 몸은 항상 아래로 향하는 안정된 형태를 유지하고, 성대는 몸과 함께 하나로 연결된 상태에서 울려야 한다.

노래와 몸통 (몸통의 역할)

노래에서 몸통은 다음과 같은 핵심 기능을 수행하며, 노래 전체를 지탱하고 조율하는 '기둥'이자 통제 중심부로 작용한다:

① 호흡을 관리하는 역할을 한다.
② 호흡을 통해 신체의 에너지(힘)를 생성한다.
③ 호흡을 통해 생성된 에너지를 풀어준다.
④ 호흡으로 에너지를 저장하고 축적한다.
⑤ 호흡을 통해 에너지를 필요한 부위로 분배한다.
⑥ 성대와 구강을 조절하고 관리한다.
⑦ 성대와 구강의 올바른 자세를 유지시킨다.

이렇듯, 몸통은 호흡과 에너지의 생성·조절·유통을 통합적으로 다루며, 성대와 구강의 움직임까지도 함께 지지하고 안내하는 노래의 중심축이자, 전반적 컨트롤 타워로서의 기능을 수행하게 된다.

성대와 구강

성대는 목소리를 울리는 역할을 하며, 구강은 턱을 모체로 해 발음을 만들고 말을 형성하는 기관이다. 이 두 행위는 평소 말을 할 때는 서로 편안한 관계로 거의 누구에게나 자연스럽게 작동된다.

하지만 노래를 부르게 되면 음정과 발음에 힘이 실리게 되고, 그 순간 성대와 구강 중 어느 한 곳이라도 힘의 분배가 일정하지 않으면 서로 간섭을 일으켜 오류가 발생하게 된다.

노래에서 음정과 말(노랫말)이 음악에 따라 흘러가고 있을 때, 뇌는 성대와 구강을 통해 명령을 내려 실행을 유도한다. 하지만 뇌가 지시하는 모든 행위가 항상 가능한 것은 아니다.

뇌의 지시가 몸의 자세로 뒷받침될 경우에는 가능하지만, 몸의 자세가 오류 상태에 있을 경우, 그 지시는 실행으로 이어지지 못하게 된다.

누구나 자신의 성대와 구강을 통해 노래를 부를 수는 있지만, 자신이 원하는 대로 노래가 되지 않는 경우가 대부분이다.

그 이유는, 바로 "뇌가 하고 싶다는 의지"와 "실제로 몸이 그 행위를 수행하는 것" 사이의 간극 때문이다.

2. 노래를 배운다는 것

노래를 배우는 사람은 귀로 들은 음정과 발음을 뇌에 기억하고, 그 기억을 바탕으로 자신의 성대와 구강으로 재현해 내는 것을 "노래를 부른다.", "노래를 연습한다."고 여긴다.

하지만 귀로 듣고 뇌가 아는 것과, 그것을 몸을 통해 실제로 구현하는 것은 별개의 과정으로 분리해 보아야 한다.

　그 이유는, 노래의 음정과 발음은 매우 복잡하고 긴밀한 관계를 갖고 있으며, 귀로 듣고 아는 것만으로는 부족하고 뇌의 지시가 호흡과 올바른 몸의 자세를 통해 실행되어야만 비로소 뇌가 원하는 방식대로 배우고 부를 수 있게 되기 때문이다.

노래는 두 가지 행위의 결합이다:

- 호흡을 기반으로 한 몸의 자세가 음정의 흐름에 따라 유연하게
  변하며
- 목소리와 함께 말을 하면서, 음정과 발음의 흐름이 동시에 조율
  된다.

이 두 행위가 함께 작동해야만 비로소 '노래'가 완성된다.

노래 배우기의 유리한 조건
① 뇌의 음정 감지 기능이 발달되어 있는 경우
② 리듬 감지 능력이 뛰어난 경우
③ 몸, 성대, 구강 구조가 노래에 유리한 형태일 경우

노래 배우기의 불리한 조건

① 뇌의 음정 감지 기능이 미숙한 경우

② 리듬 감지 능력이 부족한 경우

③ 몸, 성대, 구강 구조가 불리한 형태일 경우

→ 그러나 이 모든 요소들은 노력에 따라 충분히 개선될 수 있다.

노래 연습 시 지켜야 할 조건

(1) 자신의 성대 형태와 몸의 기능을 먼저 파악한다

사람마다 성대의 울림 형태는 성별, 얼굴 형태, 체형에 따라 조금씩 다르게 형성되어 있다.

예를 들어 관악기(테너 색소폰, 알토 색소폰, 트럼펫, 트롬본, 클라리넷, 플루트 등)는 관의 굵기와 구조에 따라 음역이 달라지며, 악보에 기재되는 방식 자체도 다르게 설계된다.

이와 마찬가지로, 사람의 목소리도 변성기 이후 음색과 톤이 바뀌게 되므로, 자신의 목소리가 어떤 악기의 톤에 가까운지를 파악하고 적절한 음역으로 효율적인 사용이 가능해야 연습의 효과도 보다 안정적이고 빠르게 증대될 수 있다.

만약 자신의 성대 구조와 몸의 기능을 파악하지 않은 채, 단순히 선호하는 가수의 노래를 모방하며 연습에 집중하게 되면 훗날 큰 신체적 부담이나 기술적 한계를 경험할 수 있다.

2부 • 노래의 이해

(2) 노래 연습 시 고음을 무리하게 시도하지 않는다

대부분 노래를 부르거나 연습하는 사람들은 '고음 내기'에 강한 관심과 선호를 보이곤 한다. 이는 심리적으로 어려운 것을 해내려는 노력의 만족감, 고음을 잘 내면 '노래를 잘한다.'는 착각 속의 안도감, 나아가 자신감을 확인하려는 욕망 등에서 비롯되는 경우가 많다.

운동에 비유하자면, 무게를 더 들고 더 크게 움직이려는 에너지의 과잉 사용이라 볼 수 있는데, 그러한 방식은 단순 근육 향상을 위한 움직임에서는 큰 문제가 없지만, 노래는 성대와 구강을 섬세하게 다루는 신체 기술인 만큼 고음을 내기 위해 힘이 쓰이더라도 반드시 계산된 방식으로, 에너지의 방향과 분배가 정교하게 되어야 한다.

● **고음(높은음)에 대한 이해**

노래 연습에서 고음을 다루기 전, 먼저 자신의 목소리가 어떤 악기의 음색과 유사한지를 파악하는 것이 중요하다.

자신의 성대 톤이 어떤 음역대에 속하는지를 인식해야, 그 음역 안에서 자연스러운 고음과 저음을 구분하고 적용할 수 있다. 고음은 자신의 목소리 톤 안에서 결정되어야 하며, 연습 초기에는 오히려 저음에 더 집중하는 것이 장기적으로 훨씬 유리하다.

저음은 몸을 지속적으로 이완시킬수록 잘 나오게 되며, 저음이 안정될수록 고음도 그 흐름 안에서 자연스럽게 따라오게 된다.

힘을 써서 억지로 밀어붙이는 고음과 힘을 풀어 만들어 내는 유연한 고음 사이에는 목소리의 질적인 차이가 분명하게 존재한다.

예를 들어, 달리기 훈련에서 처음에는 천천히 뛰더라도 시간이 지나면 몸의 호흡과 적응력 덕분에 속도가 자연스럽게 올라가는 것처럼, 노래도 시간을 들여 몸을 조율하다 보면, 고음은 억지로 내지 않아도 자연스럽게 울리게 된다.

만약 초기에 고음을 내겠다는 욕심으로 과도한 힘을 쏟게 되면, 성대와 주변 부위에 불필요한 근육이 생기거나 습관이 고착화되고, 이를 다시 되돌리는 것은 상당히 어려운 과제가 될 수 있다.

---

(3) 자신의 성대 구조에 적합한 연습을 한다

노래 연습의 본질은 자신의 목소리를 듣기 좋은 소리, 아름다운 소리, 다시 듣고 싶은 소리로 다듬는 과정이다. 모든 사람의 목소리는 울림이 다르고 색깔이 다르며 그 자체로 세상에 하나뿐인 고유한 악기이다.

연습의 목표는 있는 그대로의 개성을 최대한 살리는 것이어야 하며, 절대 무리한 힘으로 억지스러운 변화나 성대를 과하게 사용해서는 안 된다.

혹시 "내 목소리는 예쁘지 않다."고 느끼는 경우가 있더라도, 그건 순전히 '내 생각'일 뿐이며, 누구의 목소리든, 태어날 때부터 완전히 고귀하고 유일한 소리이다. 따라서, 자신의 목소리를 귀하고 소중히 여기며, 호흡과 몸통을 관리하고, 긴장을 푸는 훈련을 통해, 개성을 더욱 아름답게 빛낼 수 있도록 지속적으로 다듬어야 한다.

사람에 따라 성대의 특성과 체질은 다르기 마련이다. 어떤 이의 목소리는 맑고 투명하지만 쉽게 피로해질 수 있는 약한 성대일 수 있고, 또 어떤 이의 성대는 거칠더라도 웬만큼 과하게 써도 큰 무리가 없는 경우도 있다. 이러한 차이는 타고난 체질에 따른 것일 수 있으며, 노래 연습은 반드시 자신의 성대를 무리하지 않는 선에서, 자신만의 고유한 톤을 개발하는 데 정성을 기울여야 한다.

결론적으로, 내 몸을 잘 가꾸면 내 목소리는 좋은 소리로 울리게 된다.

(4) 목소리를 인위적으로 크고 굵게 내는 것을 삼간다

사람의 목소리는 평소 말할 때 울리는 자연스러운 톤이 곧 자신의 목소리 톤이다.

● **말할 때 나타나는 목소리 톤의 유형**

① 굵은 목소리

- 말할 때 울림이 크고 톤이 두껍게 느껴진다.

- 저음이 풍부한 반면, 고음은 상대적으로 줄어든다.

② 보통 목소리

- 굵거나 가늘지 않은 중간 톤으로,

- 저음과 고음이 고르게 표현된다.

③ 가는 목소리

- 말할 때 울림이 적고 소리가 가늘다.

- 저음은 부족한 편이나, 고음이 더 잘 표현된다.

이렇듯, 목소리는 각 개인의 타고난 특성과 구조에 따라 고음과 저음의 특성이 정해지며, 이는 좋고 나쁨의 문제가 아니라 고유한 개성의 차이일 뿐이다.

그럼에도 많은 노래 전문인(가수)들은 종종 자신의 목소리보다 타인의 소리를 부러워하고, 자신의 톤을 인위적으로 크고 굵게 보이려는 시도를 하게 된다.

이런 인위적인 조작은 목소리를 통제하는 것이 아니라, 목소리에 몸이 끌려가는 현상을 만들게 되며, 결과적으로 기교나 표현력, 자신감까지 잃게 되는 원인이 된다.

목소리 역시 내 몸 안에 있을 때, 비로소 '내 것'으로 쓸 수 있다. 억지로 키운 소리는 몸 밖의 무게가 되어 나를 지치게 만들 뿐이다.

(5) 안 되는 부분은 기다려야 한다

노래 연습에서는 누구에게든 어렵거나 자신 없는 부분이 생기기 마련이다. 그 원인은 뇌의 이해 부족 때문일 수도 있고, 성대와 구강의 행위 자세가 미숙해서일 수도 있다.

뇌의 이해 부족은 집중적으로 반복하고 암기하면 비교적 쉽게 개선할 수 있다. 하지만 몸의 행위는 자세가 바뀌지 않으면 근본적 변화가 어렵기 때문에, 때로는 기다리는 것이 가장 유익한 선택이 된다.

신체 행위에서 나타나는 오류는 대부분 에너지 전달의 왜곡에서 비롯된다. 이때는 억지로 바로잡으려 하지 말고, 오히려 애쓰지 않음으로써 더 큰 균형을 얻을 수도 있다.

무리하게 교정하려 들면 몸이 편법을 사용하거나 더 큰 긴장과 오류를 불러오기 쉽다. 가장 중요한 것은 자세를 철저히 지키는 것, 그것이 가장 빠른 지름길이다.

연습 중 안 되고 부족한 부분은 몸이 만들어져 가는 과정 속에서 언제든 나타날 수 있는 정상적인 현상이다. 내가 부족할 때는 타인이 알아차리지만, 그 부족한 점이 몸속에서 해결되면 타인은 알아차리지 못한 새로운 '안 됨'이 내 안에서 다시 드러나기 마련이다.

설령 내가 원하는 수준에 도달했다 하더라도, 뇌는 더 나은 것을 요구하게 되고, 몸은 끊임없이 그 한계를 갱신하는 과정에 놓이게 된다. 때때로 "더는 안 될 것 같다."는 감각이 든다면 그것은 오히려 몸이 다음 단계의 문턱에 도달했다는 신호로 보아야 한다.

그 순간이 오면 앞을 가로막는 큰 벽처럼 느껴지고, 마음은 포기하고 싶은 한계점에 도달한 것처럼 느낀다. 그러나 바로 그때, 조금만 더 참고 인내하면, 몸은 마침내 그 벽을 넘어 한 단계 더 올라설 수 있게 된다.

(6) 잘하려고 애쓰지 말아야 한다

노래나 운동처럼 몸으로 행하는 모든 일은 꾸준한 연습과 기다림을 통해 결과를 만들어 가는 것이 가장 현명한 방법이다. 누구나 시작할 때는 "빨리 잘하고 싶다."는 마음이 앞서기 마련이다. 그러나 마음이 앞서게 되면, 오히려 근육과 몸의 형성 과정에 오류가 생기고, 잘못된 습관과 긴장이 굳어져 훗날 더 큰 불이익으로 돌아오게 된다.

어렵고 안 되는 부분이 생겼을 때 "이렇게 하니까 잘되는 것 같고, 저렇게 하니까 더 되는 것 같다."는 생각이 들 수 있지만, 그 느낌은 대부분 그날의 기분이나 컨디션에 따라 달라질 뿐, 안정된 연습 방식이 되기 어렵다.

사람의 몸은 하나의 물체처럼, 근육과 행위, 자세를 조금씩 천천히 다듬어 가며 연륜을 쌓아야 한다. 씨를 뿌렸으면 열매가 맺히기를 기다리듯, 몸의 성숙에도 충분한 기다림의 시간이 필요하다. 몸은 '잘하려는 마음'이 앞설수록 오히려 함정에 빠지게 된다. 몸 전체

에 힘이 들어가게 되고, 결과적으로는 실패하거나 오히려 흐트러지
게 된다.

　노래 연습은 결국 몸을 지속적으로 풀어주고, 또 가볍게 놓아주
며, 몸이 준비될 때까지 기다리는 것이 가장 중요하다. 그러다가 어
느 순간 몸의 행위가 뇌의 인식으로 연결되면 그때 비로소 모든 해
답이 자연스럽게 찾아오게 된다.

(7) 노래 연습은 뇌로 하지 않는다

　몸은 뇌의 생각과 판단에 의해 움직이지만, 기술을 구현하는 힘은
호흡을 바탕으로 한 몸의 자세를 통해 만들어진다. 즉, 행위는 뇌가
지시하지만, 자세는 그 행위를 통해 몸이 스스로 다듬어 가는 구조
이다.

● **노래 연습에서 뇌의 역할**

① 현재 몸 상태를 파악하는 기능

② 지금의 행위 방법을 분석하는 기능

③ 지금의 자세 상태를 인식하는 기능

　몸은 기계가 아니라 살아 숨 쉬는 유기체이므로 자신의 생각과 의

지에 따라 점진적으로 형성된다. 뇌는 항상 "더 잘하고 싶다."는 욕심을 몸에 요구하지만, 그 요구를 무시할수록, 오히려 몸이 주도권을 쥐고 성장하게 된다.

몸이 만들어 가는 과정 속에서 결과는 뒤따라온다. 따라서 매 순간의 연습은 신중하게, 정성스럽게, 순간에 집중하며 이루어져야 한다.

(8) 각 사람마다 연습 방법은 달라야 한다

사람마다 목소리라는 악기(성대)의 구조, 지금 자신의 신체 사용 능력, 호흡 방식과 감각, 모든 것이 서로 다르다. 따라서 연습도 획일적인 방식이 아니라, 각자의 현재 상태에 맞춰 설계되어야 한다.

● **연습 전, 반드시 필요한 사전 진단:**
① 목소리관(성대 울림의 구조)
② 성대의 신체 사용 현황
③ 호흡과 몸 사용의 패턴 파악
④ 음감과 리듬감 등 음악 감지 능력

호흡의 안정성, 성대의 운동력, 음정 구사 능력까지 각 요소가 사

람마다 다르기 때문에, 연습법도 각자 맞춤형으로 설계되어야만
한다.

사람마다 노래의 "학년"이 있다. 사람은 각자의 목소리와 나이가 만
들어 내는 울림이 다르다는 의미이다. 그 위치를 인정하고, 그에 맞
게 연습을 설계해야 가장 빠르고 정확한 성장 경로를 만들 수 있다.

(9) 반주와 함께하는 연습은 피할수록 유익하다

전통적으로는 노래 연습을 반주와 함께 하는 것이 일반적이라 여
겨졌지만, 오히려 이것이 근본적 오류를 만들 수도 있다.

● **반주가 연습에 포함되었던 이유**
- 목소리는 음정을 정확히 낼 수 없다는 잘못된 인식으로 인해 악
  기의 멜로디를 들으며 따라 하게 만들기 위해
- 뇌에 음정과 멜로디를 더 강하게 기억시키기 위해

하지만 실제로는 반주 없이는 노래가 어렵고 불편하게 느껴지게
되고, 가볍게 노래하거나 즐기는 사람에겐 괜찮지만, 가수나 전문
연주자가 되려는 사람에게는 치명적인 오류를 만드는 원인이 될 수
있다.

● **노래와 운동의 차이**

음악의 소리는 귀를 통해 뇌에 직접 영향을 준다. 소리가 거칠거나 불안정할 경우, 그 스트레스는 청각적 고통으로 연결된다. 반면 운동은 눈으로 보며 따라하는 것이라, 작은 오류는 뇌에 큰 자극을 주지 않는다.

● **왜 무반주의 노래 연습이 필요한가?**

- 노래의 잘못된 습관은 대부분 반주에 의해 만들어진다.
- 반주는 몸의 행위 오류를 감추고 희석시켜 버리며, 그 결과 잘못된 사용 습관만 고착화되게 만든다.

결국 많은 가수가 "왜 노력했는데 더 이상 발전하지 않는가?"라는 보이지 않는 벽 앞에 멈춰서는 이유가 여기에 있다. 이제부터는 몸, 성대, 구강을 '있는 그대로 악기화'해야 한다. 음정과 발음을 정밀한 행위의 원리에 따라 직접 만들어 낼 수 있어야 하며, 그 방식은 오직 몸으로만 가능한 신체 기반 노래 공식을 통해 구현될 수 있다.

(10) 내 몸의 목소리로 내 악기를 연주한다

내 몸, 내 목소리로 세상에 단 하나뿐인 나의 악기를 갈고닦아, 진정한 '연주자'로 성장하는 것을 목표로 삼자.

노래 연습의 궁극은 반주 없이도, 순수한 내 목소리만으로 듣기 좋은 연주를 구현해 내는 것이며, 이런 자립적 기량을 갖춘 사람만이 노래 전문인으로서의 인정을 받을 수 있는 제도적 기반이 마련되어야 한다.

누구든 목소리와 발음이 정상적으로 전달되는 조건 아래에 있다면 그 출발선은 같고, 취향과 적성에 부합되는 영역에서 훈련과 연습을 거듭해, 자기만의 고유 악기로 발전시켜, 멋진 연주를 만들어 낼 수 있게 된다.

이를 위해 반드시 필요한 전제는 다음과 같다:

① 자신의 몸을 정확히 이해하고,
② 자신의 성대 구조를 알고,
③ 자신의 호흡 상태를 파악하며,
④ 자신의 구강 상태를 인식하는 것.

이러한 자기 이해를 바탕으로 노래 행위의 절차와 원리를 따라 몸을 조율해 간다면, 누구나 자기만의 악기를 완성해 나갈 수 있게 된다.

3. 연습의 목적(연습의 장점과 단점)

연습이란 명확한 목표와 규칙(룰)을 설정하고 적합한 도구와 신체를 활용해 힘, 민첩성, 기술적 정밀도를 향상시키기 위한 순차적인 신체 행위이다.

이 과정은 근육을 발달시키고, 근육의 질과 감각을 높이며, 몸의 상호 부위 간 에너지 흐름을 호흡으로 통합시켜 뇌가 원하는 대로 몸이 수행할 수 있도록 만드는 것에 목적이 있다.

즉, 자세와 행위의 정밀도를 끊임없이 개선해 가는 과정이 바로 연습이다.

연습의 장점

연습은 반복에서 출발한다. 연습 없이 잘하게 되는 일은 없지만, 무조건 많이 한다고 잘하게 되는 것도 아니다. 자신의 몸 상태를 먼저 점검해야 하며, 그 상태에 적합한 방식과 자세로 흐트러짐 없이 반복하는 것이 중요하다. 조급함과 과욕은 반드시 경계해야 하며, 결과는 결국 시간과 세월에 맡겨야 한다.

연습은 하면 할수록 '안 되는 것'이 더 많이 보이고, 더 열심히 할수록 '더 안 되는 것 같다.'는 느낌이 드는 것, 이것이 오히려 정상적인 과정이다. 그만큼 더 깊이 알게 되고, 더 멀리 볼 수 있게 된다는 뜻이다.

연습의 단점

사람의 몸은 어떤 행위도 하지 않았을 때가 가장 순수한 상태이다. 하지만 운동이든 노래든 연습을 시작하는 순간부터 몸에는 그 행위에 따른 근육과 습관이 형성되기 시작한다.

이때부터 자신의 모든 행위는 스스로 만들어 낸 문제를 스스로 경험하며 해결해 가는 과정이 된다. 반복은 습관을 낳고, 그 습관은 자신이 한 만큼의 결과를 되돌려 주게 된다.

바른 방향의 반복은 발전을 만들고, 잘못된 반복은 그만큼 오류와 고착을 불러온다. 특히 잘못된 습관은 바로잡는 데 훨씬 더 큰 시간과 노력이 요구된다.

4. 노래의 기교와 감정

노래의 기교

노래의 기교란: 기술, 원숙함, 노련함을 연습이나 훈련으로 체득해 타인이 쉽게 할 수 없는 행위를 몸의 완성도에 의해 나타낼 수 있는 표현 방법이라 본다.

몇 년 전부터 트롯이 대세를 보이면서, 트롯의 "꺾기"란 말을 듣게 되었는데, 처음엔 무슨 말인가 하고 의아했으나, 알고 보니 하나의 음정에서 시작해 같은 박자 안에서 음을 위아래로 빠르게 변화시키는 방식으로, 짧은 시간 안에 여러 음을 연속적으로 표현하는 기교라는 것을 알게 되었다.

옛 시절엔 "돌린다"라는 말로 해왔던 용어인데, 어느 날부터 "꺾기"란 용어로 사용되니 어리둥절할 뿐이다. "돌린다"는 의미와 비슷하나, 꺾는다는 표현은 부적절하다는 생각이 든다.

이 또한 노래의 기술이나 기교에 속하므로 그 부분만 인위적으로 만들어 내려고 애쓰는 것은 의미나 가치가 없으며, 몸이 부족한 상태에서 잘못 사용하게 되면 어색함만 더하게 된다.

노래의 기술이나 기교는 기본을 철저히 지키며 연마해 몸을 만들어 가는 과정 속에 모두 적절히 보유할 수 있게 되며, 몸의 발전 상태에 따라 그 이상도 효과를 낼 수 있게 된다.

아무튼 노래의 감정이나 기교는 꾸준한 연습이나 훈련을 통해 몸과 뇌의 발전 과정에서 자연스럽게 습득하는 것이 바람직하다.

노래의 감정

사람이 부르는 노래에는 모두 노랫말이 있다. 노랫말에는 작사가들의 사상이나 감정, 그리고 여러 사연들이 함축되어 있으며, 그 내용이 작곡가의 선율과 만나면서 하나의 노래로 탄생한다.

노랫말은 글자로 곡은 음표로 표기된다. 사람이 그 글과 음을 목소리와 말에 실어 밖으로 표현하는 것을 '노래를 부른다.'고 한다.

이때, 곡에 표기된 음정 흐름이나 노랫말을 표현하는 사람의 능력

　　　　　　　　　　　　　　　2부 • 노래의 이해

에 따라 그 노래의 가치와 완성도가 달라지게 된다.

노래의 감정이란, 부르는 사람의 원숙하고 현란한 음정처리와 정확하고 섬세한 발음 표현 능력 속에서 자연적으로 스며드는 것이다.

만약 노래의 음정 처리와 발음 구사 능력이 조금이라도 미숙하다면, 그 감정은 설득력을 잃고 오히려 거부감이 느껴질 수도 있다.

5. 권장하는 노래 연습 방법

노래는 숨을 쉬고 목소리를 내며 말을 하는 두 가지 신체 행위가 몸 안에서 통합되어 표현되는 예술이다.

장르가 무엇이든, 어떤 곡이든 결국 그 모든 노래는 '몸이 준비되고, 소리를 내며 말하는' 과정을 계속 이어 가는 것에 지나지 않는다.

핵심은 "두 소절 단위" 훈련법이다. 예를 들어, 단 두 소절이라도 거기 담긴 '소리 내는 방법'과 '말하는 방법'을 몸으로 끝없이 반복하며 호흡과 자세의 원칙을 지켜, 그 행위가 뇌에 의해 완전히 체득될 때까지 반복해야 한다.

여기서 가장 중요한 전제는 호흡이 안정되어야 하고, 몸의 자세가 원칙에서 벗어나지 않아야 한다. 이 조건이 흐트러진 상태에서는 정확한 행위의 답을 찾는 것이 매우 어렵다.

두 소절 훈련을 할 때 자신의 구강, 턱, 입 모양, 혀의 위치, 비음 사용 등 각 요소를 다양한 각도에서 녹음하고 들어 보며 음정과 말이 어떻게 작동하는지 구체적인 신체의 움직임과 연결해 분석해야 한다. 이 연습은 시간과 세월을 따지지 말고 천천히, 정성스럽게, 반복 녹음과 신체 감각 분석을 통해 완전히 체화될 때까지 이어져야 한다.

또한 두 소절 다음에 이어지는 또 다른 두 소절과의 "연결"이 더 중요한 과제이다. 따라서 단순히 부분을 외우는 것이 아니라, 앞뒤 문장이 어떻게 이어지는지를 놓치지 말아야 한다. 이 모든 연습은 반드시 반주 없이, 자기 몸만으로 이루어져야 하며 녹음을 통해 잘못된 습관이나 오류의 원인을 파악하고 교정하는 방향으로 지속되어야 한다.

노래는 곡이 아니라 원리이다.

결론적으로, 노래는 '이 노래', '저 노래'로 나뉘는 것이 아니다. 노래와 몸의 원리를 정확히 이해하면 결국 모든 노래는 하나의 구조 안에서 통합적으로 흐르게 된다.

노래는 단순히 '부르는 것'이 아니다. 소리 하나, 말 한마디의 문제가 다음 호흡과 다음 음정, 다음 발음까지 연쇄적으로 영향을 미치며 그 작은 오류가 곧 몸의 왜곡된 사용 습관으로 굳어질 수 있다.

따라서 올바른 연습이란 행위의 원리를 이해하며, 뇌와 몸이 함께

　　　　　　　　　　　2부 • 노래의 이해

조화롭게 작동하도록 유도하고, 몸의 자세와 질서를 최적으로 만들기 위한 훈련 과정일 때만 비로소 '연습'이라 부를 수 있다.

3장

노래와 반주

반주음악이란 멜로디를 중심으로 화성(和聲)으로 편곡되어 여러 악기들의 소리가 어우러진, 풍성하고 다채로운 음악의 집이라 할 수 있다. 그리고 노래는 그 음악의 집 안으로 주인처럼 들어와, 단어와 감정, 이야기로 그 공간을 채우며 전체 음악에 생명과 중심을 불어넣는 역할을 하게 된다. 따라서 노래와 반주의 관계는 '집과 주인'처럼 완성적이고 상호 보완적인 동반자라 할 수 있다.

조화로운 반주음악과 노래의 조건

(1) 성대의 음정과 발음의 정밀도

반주음악은 어떤 노래든 그 멜로디의 가치를 높이기 위해 예술적으로 편곡된 음악이다. 이 음악에 목소리를 더하는 가창자는 주인공으로서 합류하는 셈이며, 음정과 발음의 정밀도에 따라 전체 곡의 예술성과 품격이 달라지게 된다.

(2) 노래 음정과 발음의 음악적 수준

노래의 음정과 발음 수준은 듣는 이와 부르는 이의 감각에 따라 차이가 있지만, 음악으로서 갖춰야 할 기본적인 질서와, 반주음악과의 조화 여부에 따라 노래의 '음악적 수준'이 평가된다.

(3) 리듬감의 중요성

음악은 박자와 장단으로 이루어지며, 거기에 리듬이 더해져 듣는 이의 기분을 고조시킨다. 이 리듬 위에 노래가 자연스럽게 얹힐 때, 반주와 노래는 함께 더 큰 감흥을 자아내게 된다.

(4) 반주음악의 여러 악기들과 노래의 조화

반주음악은 다양한 악기가 하모니를 이루며 멜로디를 감싸고 있다. 이때 노래가 어떻게 이 음악에 합류하는가에 따라 다음과 같은 현상이 나타난다:

① 노래와 반주가 서로 외면(지나치게 힘 있는 목소리)
② 악기 소리가 묻힘(과한 울림)
③ 반주소리가 거칠게 들림(음정의 불안정)
④ 반주음악이 잠식됨(목소리가 넓고 강할 때)
⑤ 조화롭게 어우러짐(목소리가 악기처럼 중심에 안정되게 내려 앉을 때)

→ 이처럼 목소리가 악기처럼 반주의 중심에 안정적으로 내려앉을 때, 반주의 모든 악기 소리가 선명하게 들리며, 음정과 발음은 하나의 악기로 조화롭게 녹아든다. 그 결과, 몸의 에너지가 과도하게 실리지 않은 목소리와 말이 오히려 더 깨끗하고 자연스럽게 전달된다.

(5) 반주음악과 노래의 완성도

반주음악은 완성된 연주이고, 노래는 생명력을 지닌, 감정이 살아 숨 쉬는 표현이다. 이 둘이 얼마나 가까운 수준으로 합류되는가에 따라 전체 음악의 완성도가 결정된다.

(6) 반주음악과 노래의 연주력

반주음악은 대부분 노래를 부르거나 배우는 사람들이 연습을 위해 사용하는 음악으로, 자신이 부르는 노래를 즐겁게 만들고 노래와 반주가 일치되도록 돕는 수단으로 사용되어 왔다.

분명한 것은, 노래를 더 잘 부르고 싶다는 열망은 누구에게나 공통된 바람이라는 점이다.

자신의 몸으로 음악을 연주하며 노랫말에 담긴 사연들이 가슴에 스며들고 마음을 적시게 될 때, 그 감동과 부러움은 누구에게나 생기게 된다. 그래서 수많은 사람들이 노래를 배우고 부르기 위해 애쓰고 있는 것이다. 그러나 대부분의 사람들은 귀로 듣고 뇌로만 해

                              2부 • 노래의 이해

결하려고 하기 때문에, 정작 중요한 답을 찾지 못하고 있다.

노래는 귀와 뇌가 아닌, 몸으로 행하는 음악이며 몸으로 하는 운동이다. 따라서 뇌만의 작용이 아니라 몸이 변화할 수 있도록 자세를 바로잡고, 행위를 조정해 나갈 때, 노래 연주력 또한 향상되며 결국 반주음악과의 조화 수준도 높일 수 있게 된다.

(7) 반주음악과 성대, 목소리, 발음과의 조화

반주음악은 사람이 부르는 목소리의 질에 따라 예술이 될 수도 있고, 반대로 거칠고 불쾌하게 들릴 수도 있다. 목소리의 질은 몸이 소리를 내는 방식, 호흡과 근육의 상태, 발음 기관의 정밀도에 따라 달라진다. 즉, 상체의 경직된 근육을 이완시키고, 성대와 몸 전체를 부드러운 운동 상태로 만들수록 호흡을 통한 울림이 유연해지고, 목소리의 질도 향상되게 된다.

반대로, 몸이 힘을 내기 위해 강하게 경직되어 있고 성대와 발음 기관에도 과도한 압력이 실리면 목소리는 강하거나 크더라도 음색이 거칠고 듣기 불쾌한 톤으로 바뀌게 된다. 무엇보다 반주음악과 목소리의 조화는 '목소리의 질'에 달려 있다. 목소리의 질이 좋은 경우에는 강한 힘이 실려 있더라도 몸 전체의 유연한 통일된 에너지가 성대와 함께 작용해 강하지만 부드러운 소리로 울리게 된다. 그 결과, 듣는 이에게도 풍부하고 안정된 감흥을 줄 수 있다.

반면, 몸에 경직된 강한 힘이 실려 있을 경우 작게 낸 목소리조차

도 귀에 자극적이고 불쾌하게 들리게 된다. 결국, 목소리의 질이 향
상될수록 반주음악과 목소리는 하나로 어우러지고, 부드러움을 동
반한 목소리는 발음까지 자연스럽게 정돈되어 전반적인 조화를 이
룰 수 있게 된다.

(8) 반주음악과 노래의 조화

반주음악과 노래의 조화는 목소리의 음정과 노랫말 표현 능력이
반주음악의 완성도에 근접할수록 서로 조화롭게 어우러지게 된다.
사람의 목소리는 그 음정이 흔들리거나 발음이 불명확하거나 혹은
호흡과 자세의 불안정으로 인해 힘이 과해질 경우, 언제든지 반주
음악의 흐름을 방해하거나 흐리게 만들 수 있다.

따라서 반주음악과 노래의 조화를 높은 수준에서 이루기 위해서
는 음악 자체에 대한 이해력, 노래를 위한 몸 사용의 원리, 발성과
호흡 그리고 구강 사용 등 기술적 행위에 대한 지식이 반드시 함께
갖추어져 있어야 한다. 이러한 요소들이 조화를 이루면 반주음악과
노래는 단순히 겹쳐지는 것이 아니라, 하나의 유기적 음악으로 완
성될 수 있다.

(9) 반주음악의 주인공인 노래의 역할

반주음악은 멜로디를 중심으로 여러 악기들이 화성적으로 조화
를 이루며 편곡된, 하나의 완성된 음악이다. 이 음악은 그 자체로

구조가 완성된 작품이지만, 거기에 '생명'을 불어넣는 것은 바로 노래하는 사람의 목소리이다.

노래를 부르는 사람은 뇌가 알고 있는 음악적 이해 그리고 몸이 할 수 있는 신체적 능력만큼 노래를 하게 된다. 노래의 전문인(가수)의 길을 걷고자 하는 사람이라면 반주음악에 대한 이론적 이해와 구조적 감각 또한 반드시 갖춰야 한다.

하지만 현실에서 노래를 부르는 많은 사람들은 반주를 음악 전체의 일부로 인식하지 못하거나 자신이 부르는 선율에만 몰두해 전체 음악과 분리된 상태로 연주하곤 한다. 이러한 경향은 특히 자신감이 부족할수록 더욱 자주 나타난다. 목소리와 반주의 관계는 매우 민감하다. 목소리에 일정량 이상의 힘이 실리기 시작하면 반주와 목소리는 서로 따로 떨어져 따로 노는 음악이 된다. 그 상태에서 더 많은 힘을 가하게 되면 반주의 소리는 목소리에 묻히거나 점점 작게 들리게 된다.

그러므로 반주음악 위에 노래를 불러야 하는 사람은 자신의 목소리와 반주의 조화 관계를 하나의 음악으로 통합해야 하며, 그 책임은 온전히 '노래하는 사람'에게 달려 있다. 즉, 노래는 반주의 주인공이자 전체 음악의 중심 에너지이며, 반주와의 관계를 자각하고 조율할 줄 아는 사람이 음악을 온전히 하나로 완성하는 주역이 되는 것이다.

(10) 반주음악의 효과를 증대시킬 노래의 역할

반주음악은 진행되는 멜로디의 흐름에 따라 조용히 흐를 때, 힘차게 몰아칠 때, 화려하게 전개될 때 등 강약과 정서에 따라 다양한 형식으로 변주되며 진행된다.

그러나 노래 반주에는 완전히 똑같은 음악도 없고, 같은 노랫말도 없다. 그만큼 반주음악의 흐름에 최상의 감정과 효과를 입혀주는 역할은 전적으로 노래를 부르는 사람에게 달려 있다.

그러므로 반주음악에 노래로 합류하게 되는 사람은 멜로디와 화성, 노랫말의 감정과 구조, 이 모든 흐름 속에서 주인공으로 등장해야 한다. 그 주인공은 반주음악을 포근히 감싸기도 하고, 춤추듯 부드럽게 흐르기도 하며, 때로는 화려한 개성으로 음악을 만개시킬 줄 아는 자여야 한다.

결국, 노래란 단순히 음정과 가사를 실어 나르는 것이 아니라, 반주음악의 흐름을 표현의 깊이와 생명으로 증폭시킬 수 있는 유일한 도구가 된다. 그리고 그 역할은 언제나 목소리를 가진 사람, 바로 '노래하는 이'의 몫이다.

(3부)

신체의 노래 공식,
요약과 정리

1장

신체의 노래 공식이란

사람의 신체는 어떤 행위를 할 때 반드시 그 행위의 이유와 목적이 존재한다. 노래 또한 예외가 아니며, '노래'라는 행위는 명확한 신체 구조와 목적성을 가진다.

● 노래란 무엇인가?

① 노래는 사람의 몸이 성대를 악기로 사용해, '말'이라는 언어와 결합된 소리를 음악으로 표현하는 행위이다.

② 음악이란 악기의 다양한 소리가 음계에 의해 아름다움과 조화를 담아 표현되고 감상되는 예술이다.

③ 악기 연주란 사람이 만든 악기를 입이나 손으로 연마해 소리를 내고 다듬는 예술이다.

노래는 곧 '몸의 악기 연주'이다.

④ 노래는 뇌가 몸의 성대와 구강을 조율해 수행하는 악기 연주이며, 이때 신체는 소리를 내는 도구이자 음악의 수행자가 된다.

⑤ 노래는 성대와 구강의 음악적 행위가 신체의 공식을 따를수록 예술이 되고, 반대로 그 공식을 벗어날수록 소리는 불편하게 들리게 된다.

⑥ 노래는 성대의 소리와 구강의 말이 하나로 어우러져 조화를 이루는 행위이며, 이 조화가 음악을 성립시킨다.

⑦ 노래는 성대와 구강이 동시에 작용할 때, 성대의 음정은 힘과 자세에 의해, 구강의 말은 형태와 행위에 의해 조율되어야 정확한 울림과 발음, 조화로운 표현이 가능하다.

2장

사람의 몸 - 노래가 되는 몸의 부위별 역할과 기능

사람의 몸은 뇌에 의해 작동하지만, 노래를 위한 몸은 그 목적에 맞게 다시 설계되고 다듬어져야 한다.

1. 몸통 - 성대·구강 행위와의 관계

단전·허리

성대와 구강을 사용하는 모든 중심축은 단전으로부터 시작된다. 노래하는 동안 몸통 전체의 힘과 균형을 단전을 축으로 몰아야 한다.

배

항상 '비워진 상태'로 유지되어야 하며, 호흡을 아래로 밀어주는 역할을 하고 상체를 부드럽게 유지시키며 성대에 힘이 필요할 때는 단전을 통해 빠르게 에너지를 전달해야 한다.

명치

호흡이 이 부위에 머물지 않게 해야 하고 성대 음정을 따라 위아래로 흔들리는 일이 없도록 관리해야 한다. 자세는 항상 아래로 안정되게 유지되어야 한다.

가슴

성대와 가까운 위치에 있으므로, 굳거나 경직되어 있으면 울림에 직접 영향을 준다. 늘 열린 상태로 유지하며 필요할 때 상체 전체를 연결해 안정적으로 내려 줄 수 있어야 한다.

목덜미

성대 사용 시 가장 먼저 경직되기 쉬운 부위이다. 뻣뻣하거나 근육이 뭉쳐 있으면 성대 사용에 방해가 되므로 항상 유연함을 체크하고 관리해야 한다.

어깨

성대 사용 시 어깨에 힘이 들어갈수록 성대 소리는 약해지고 유연성을 잃으며 목소리가 짧고 경직되게 변질될 수 있다.

등 뒤

성대 사용 중 등이 뻣뻣해질 경우 어깨와 함께 굳어지면서 성대의 움직임에 이중의 방해 요인이 된다. 등의 유연함이 곧 성대의 자유로움으로 연결된다.

2. 성대와 구강

성대

노래에서 성대는 단순한 음성기관을 넘어서 '신체의 에너지와 감각을 소리로 구현하는 핵심 도구'가 된다.

다음은 성대의 역할과 기능을 항목별로 정리한 내용이다:

① 성대는 몸의 신체 에너지(힘)로 소리를 내는 신체 조직이다.

② 성대는 뇌가 느끼는 희로애락의 감정들을 소리로 표현해 내는 기관이다.

③ 성대는 노래의 음정을 만들 때 호흡에 의한 몸의 자세를 통해 그 음정이 만들어진다.

④ 성대는 몸통의 힘이 많을수록 소리는 세거나 거칠어지고 힘이 적을수록 소리는 부드럽고 시원하게, 더 크게 나올 수 있다.

⑤ 성대의 목소리 양과 사용 능력은 사람마다 성대 구조에 따라 다

르며 개인별 성대 구성에 따라 능력 또한 고유하게 나타난다.

⑥ 성대는 제자리에서 흔들림이 적을수록 좋은 상태와 안정된 소리를 낼 수 있으며 반대로 몸의 힘 전달이나 구강 사용의 자세에 따라 많이 흔들릴수록 소리는 불안정해진다.

⑦ 성대는 몸통이 전달하는 힘의 성질에 따라 그 힘의 결로 소리가 만들어진다.

⑧ 성대는 몸통의 직접적인 힘으로 작동해서는 안 되며 음정 흐름은 몸통과 자세의 조율로 자연스럽게 만들어져야 한다.

⑨ 성대는 몸통 자세에 따라 힘의 특성이 달라지며 그 특성대로 소리가 표현된다.

⑩ 성대는 뇌가 명령을 내릴 수는 있어도 실제로는 현재 몸이 놓인 상태만큼만 소리로 표현이 가능하다.

⑪ 성대는 몸통 사용 방식에 따라 행위의 위치가 '위·중앙·아래', 형태는 '넓힘·좁힘'으로 조절된다. 위는 나쁜 위치, 중앙과 아래가 안정된 위치이며, 넓힘과 좁힘은 노래의 음정 흐름과 호흡 구조에 따라 뇌가 몸통과 성대를 조율하며 만들어내야 한다.

구강

노래에서 구강은 성대와 함께 '소리의 완성'을 책임지는 주요 기관이며, 그 역할은 단순한 발음 이상의 신체 기술로 작동한다.

다음은 구강의 기능을 정밀하게 풀어낸 항목별 설명이다:

① 턱 관절은 구강 행위의 모체로 활용되며, 노래에서의 구강 움직임은 턱의 열림과 유연성에 기반을 두고 작용한다.

② 평소 말할 때의 구강 움직임만으로는 정상적인 노래를 구현할 수 없다. 노래는 말보다 훨씬 정밀하고 구조화된 움직임을 필요로 한다.

③ 성대가 음정을 낼 때 사용되는 힘만큼 그 힘은 동시에 구강 행위에도 전달되며, 구강은 이를 조절할 수 있어야 한다.

④ 구강은 행위에 들어가는 힘이 적을수록 노래하기가 수월해지고 음색도 더 좋아지며, 반대로 힘이 많이 들어갈수록 노래하기는 어려워지고 질도 떨어지게 된다.

⑤ 노래의 음정 흐름에 따른 '힘'과 발음 시 구강의 형태가 정확히 일치할 때 완전한 소리와 발음이 동시에 이루어질 수 있다.

⑥ 이러한 소리와 발음의 조화는 몸통의 자세가 바르게 설정되고 호흡이 원활할 때에만 가능해진다.

⑦ 입 모양, 넓이, 속도, 힘, 유연성 등 음정과 발음에 따라 변화하는 구강 개폐 과정은 뇌가 충분히 인지하고 몸이 자연스럽게 조작할 수 있어야 한다.

⑧ 입안의 공간 개폐, 성구와의 관계, 혀의 위치, 힘과 속도, 닿는 면적 등 이 모든 요소는 정확하게 인식되고 통제될 수 있어야 음악적 발화가 안정된다.

⑨ 비음(鼻音)은 자신의 성대 소리와 조화를 이루도록 유기적으

로 조절되어야 하며, 그 활용의 '유불리'를 스스로 파악하고 선
택할 수 있어야 한다.

⑩ 결국 구강은 성대 음정 흐름, 발음의 입 모양, 호흡, 몸통의 자
세 등이 총체적으로 교차 작용할 수 있을 때, 온전한 소리 구현
이 가능하게 된다.

《노래 공식》(신체의 노래 공식)을 마치며

지금까지 밝힌 내용은 사람의 몸으로 부르게 되는 노래의 원리를, 직접 사람의 신체 각 부위와의 관계를 하나하나 확인하며 연구한 결과이다. 각자가 내고 있는 목소리가 왜 노래가 되는지, 혹은 왜 노래가 되지 않는지를 파악하기 위해 잘되면 왜 잘되는지, 잘못되면 왜 잘못되었는지를 철저히 점검하며 그 원인과 이유를 찾아 나간 40여 년의 연구 끝에 노래의 모든 신체 행위에 관한 정답을 찾아내는 데 성공했다.

처음 시작할 때는 가능성조차 없는, 전무한 여정이었다. 그러나 노래 때문에 상처받고, 피폐해져 가는 사람들을 눈앞에서 보게 되며 도저히 외면할 수 없었다. 그래서 마음을 먹었다. "나의 생명이 다하는 날까지 이 길을 찾겠다. 설령 실패하더라도 후회 없이 가 보자." 하는 마음으로 여기까지 오게 되었다.

오랜 연구 끝에 나는 알게 되었다. 노래는 단순히 성대의 목소리나 구강의 발음으로 이루어지는 것이 아니라, 호흡과 몸통이 핵심임을. 그 이후로는 나를 찾아온 남녀노소 모두를 세밀히 점검하며 그들의 몸을 통해 진실을 확인해 나갔다. 당시에는 성희롱이나 성추행이라는 개념조차 없던 시대였기에 이러한 접근이 가능했지만 그 과정에서 많은 오해와 핀잔 또한 감수해야 했다.

어떤 문제를 지닌 신체 행위가 어떤 방식으로 사용될 때 그 문제가 해결되는가, 그 답이 확신으로 다가오면 나는 직접 내 몸으로 그 행위를 실험하고 확인했다. 테이프 수백 개, CD 수백 장을 녹음하고 분석하며 확인된 사실들을 정리한 결과물이 바로 이 《노래 공식》(신체의 노래 공식)"이다.

사람의 몸은 어떤 호흡 상태에서, 어떤 힘과 자세로 어떻게 행위를 하게 되면 어떤 결과로 이어지게 되는지가 이미 정해져 있다.

예를 들어, 누군가 공을 찰 때 공이 어느 지점에 떨어지는가는 그 사람의 신체 조건, 힘, 자세에서 비롯된 원리이며 노래도 마찬가지이다.

"왜 이 사람에게서는 이런 목소리가 나오는가?"

각 사람의 신체 조건과 행위 방식을 분석함으로써 소리, 음정, 발음에 담긴 신체 원리를 밝혀내고 잘못된 부분은 바로잡을 수 있는 구조를 찾아야 한다. 그것이 몸을 바로 세우는 원리이며, 《노래 공식》의 핵심이다.

이 노래 공식은 지금은 전문인의 해석과 시간이 필요할 수 있겠지만 언젠가는 분명히 정착될 것이라 믿는다. 현재 대부분의 사람들은 악보에 따른 음정, 발음의 정확도, 가창력과 기교 그리고 감정

등으로 노래의 잘하고 못함을 평가하고 있지만 나의 《노래 공식》이 보편화되면 사람의 몸에서 태어나는 목소리의 '또 다른 신비한 세계'가 열릴 것이라 확신한다.

사람의 목소리와 말은 어떤 악기로도 비유될 수 없다. 각자가 자기만의 몸을 통해 목소리를 단련해 가면 세상에 단 하나뿐인 '나만의 악기'가 완성된다. 지금은 악보에 맞춰 노래하고 있지만 미래의 노래는 '몸을 만들어 가는 방식'에 따라, 뇌가 그리고 몸이 그리는 목소리로 지금껏 들어 보지 못한 또 다른 노래의 세계로 나아가게 될 것이다. 그 이유는 사람의 몸은 '훈련된 만큼' 뇌가 원하는 대로 움직일 수 있기 때문이다.

알고는 있지만 글로 표현하는 데에는 늘 한계가 있었고 이번 6개월간, 나름대로 할 수 있는 최선을 다했다고 생각한다. 올해로 44년째 운영해 온 나의 음악 공간, 그동안 몇 차례 문을 닫을 위기에 놓이기도 했지만 이 일을 계속 이어 가게 해 주신 '신'께 감사를 드린다.

또한 나를 찾아와 준 수많은 원생들에게 진심으로 감사하며, 아무도 하라 하지 않았던 일을 하겠다 다짐했던 그 약속을 지켜 낸 나 자신에게도 고맙다.

이 글을 통해, 음악과 노래를 사랑하는 모든 이의 삶이 조금 더 행복해지기를 진심으로 바란다.